麗しのイタリア讃歌

猪岐和夫

東洋出版

はじめに

イタリアは楽しい国である。訪れた人を、たちまち虜にしてしまう多様な魅力に満ちている。北部国境沿いには白雪のアルプス連峰や奇岩怪石と黄葉が目を奪うドロミテ渓谷があり、冬もなお温暖な南のシチリア島は紺碧の海と空と眩い陽光が旅人を迎えてくれる。

一方、教科書などで見る名画や建造物が往く先々で眺められるローマやフィレンツェなどの有名な観光地は勿論、アオスタやシエナなど田舎に散在する小都市も、街そのものが博物館の様相を見せ、通りや広場を散策するだけで旅情を満喫させてくれる。

また中世さながらの小路が入り組むヴェネツィアでは美しいヴェネツィアン・グラスや宝石の店が目を楽しませてくれ、ミラノのモンテ・ナポリオーネ通りにはグッチなどブランド品の店が軒を列ね、世界的に有名なオペラ劇場スカラ座もすぐ近くにある。

そしてイタリアは食の国でもある。ナポリのピッツァやトスカーナ地方のワインは世界的に知られているが、古い歴史を刻むこの国では往く先々にその土地ならではの味覚を楽しませてくれる料理やワインがあり、それをたどるだけでも毎日が楽しい旅になる。

本書はこのようなイタリアの魅力を紹介したもので、執筆にあたっては特に次の四つの点に留意した。ひとつは、まだ訪れたことがない読者にもイタリアの素晴らしさ・楽しさが眼前に浮かぶようできるだけ具体的な姿で紹介しようと配慮したことである。その際読者の理解を助けるため、紙面が許すかぎり歴史的背景にもふれてみた。

二つ目に、ヨーロッパの町や村を歩きながら無意識に対比している日本の姿を改めて振り返ってみた。例えば緑の多さとか紅葉の美しさや、全国どこでも水道水がそのまま飲めることなどはまさに日本の誇りであり、電柱・電線や多くの看板が日本の街の景観をいかに醜くしているか、過労死やサービス残業などがヨーロッパには見られない悪習であることなど、普段何気なく接している自分の国の姿がより鮮明に意識させられた。

三番目に、多くの団体旅行がほぼ共通してその町の観光目玉として訪れる教会とか美術館などを重点的に取り上げてみた。例えばフィレンツェで必ず訪れるウフィツィ美術館では、どの部屋に誰の何という作品があり、それがどのような様式と特徴をもつ作品かということを作者のエピソードなどとともに紹介している。また建造物については、具体的な形状とともにそれがロマネスクとかバロックとかの様式であることを指摘し、コラム欄でそれぞれの様式をわかりやすく解説してみた。それ故読者には、現地を訪れる前からいくつかの作品や街並みに関してそれなりのイメージが浮かび、旅情もより深まるはずである。

最後は、自分の計画にもとづいてそれぞれの町を安心して観光できるようにとの配慮である。地図を持参すれば、事前のプランにより容易に目的地に着けるよう、通りの名称や左折・右折の目印を丹念に記している。自分の意志と計画にもとづいて異国の街を探訪することは、確実に旅を何倍か楽しいものにしてくれる。

このような構成の本書が、お陰さまで好評をいただいた前著「魅惑のヨーロッパ20カ国の旅」（東洋出版）と併せ、読者の心に新たな興味・関心を呼び起こし潤いを与えることになれば幸いである。

著者

目次

イタリア美術紀行――125

冬のシチリア島からローマへの旅――227

麗しのイタリア讃歌

北イタリアの自然と歴史を訪ねる旅

絶景のアルプス山麓から
古都トリノを経て紺碧のリヴィエラ海岸へ
そして豊かな歴史遺産を残す三大都市へ

クールマユール
マジョーレ湖
ボルツァーノ
オルティセイ
コルティナ・ダンベッツォ
ドロミテ渓谷
モンブラン
コモ湖
ガルダ湖
アオスタ
ノストラ・シニョーラ・ディ・オローバ
ベルガモ
ミラノ
パヴィア
ヴェネツィア
トリノ
マントヴァ
パドヴァ
フェラッーラ
ボローニャ
モデナ
ラヴェンナ
イーモラ
ジェノヴァ
リミニ
フィレンツェ
チンクエテッレ
パルマ
ピサ
サン・マリノ共和国
サンジミニャーノ
シエナ
ウルビーノ
アッシジ
ペルージャ
コルシカ島
スポレート
アルベロベッロ
ローマ
ソレント
カプリ島
マテーラ
サルデーニャ
シチリア島
レッジョ・ディ・カラーブリア
パレルモ
メッシーナ
タオルミーナ
アグリジェント
シラクーサ
ピアッツァ・アルメリーナ
マルタ島

今回の旅は、壮麗なサン・マルコ寺院を表玄関とするヴェネツィアと古都ミラノ・そしてルネサンスの街フィレンツェを除くと、北部国境沿いの変化に富んだ自然景観と切り立った断崖が続く海岸をたどるコースが中心になった。その前半はドロミテ渓谷から湖水地方・アオスタ渓谷を経てモンブラン山頂に至るアルプスの山容を仰ぎながらの毎日であり、後半は美しい自然が残る東リヴィエラ海岸から旧エミリア街道をめぐる旅であった。

そしてそれは同時に、トリノやジェノヴァなどの有名な古都をはじめ、世界遺産に登録された中世の巡礼の路とか、つい最近まで「近代化」からとり残されて昔ながらの風情を伝える漁村など、よく保存されている紀元前後のローマ時代から中世・近世にいたる情緒豊かな歴史遺産と、そこに培われた個性的な味覚をたどる旅でもあった。

中世そのままの姿を伝えるアドリア海の女王ヴェネツィア

町の中心である有名なサン・マルコ広場の中央に立つと、十三世紀初頭以来、数百年にわたって地中海貿易を支配してきたヴェネツィア共和国時代の繁栄ぶりがしのばれた。

東側正面には巨大なドームを乗せたサン・マルコ寺院が、複雑に装飾されたビザンチン様式の壮麗な姿を見せており、その右手前に高さ約百メートルという四角の大鐘楼が建っていた。また広場をコの字形に囲んで北側に旧行政館・南側に新行政館というかつて共和国の行政府が置かれた端正な三階建ての建物が対峙し、床の幾何学模様が優雅な柱廊の奥にはヴェネツィアングラスなどの高級品店や十八世紀創業という老舗のカフェなどが連なっていた。そしてナポレオン館と呼ばれる十九世紀建築の建物が西側で南北の両館をつないでおり、一角を占めるコレール博物館の特別展示を報せる垂れ幕が下がっていた。

【サン・マルコ広場と大鐘楼】

先ず大鐘楼に向かいエレベーターで展望台まで一挙に昇ると、かつて監視塔と灯台を兼ねていただけに、一七七の運河によって一一八の島に区切られ、三五四の橋でつながれた町が一望できた。目の前から大運河がS字を描いて町を貫いており、両側を長年の風雨でくすんだ赤色の屋根が立錐の余地もなく埋めていた。そこにはコンクリートの高い近代建築も広い道路も電柱も看板も見られず、まさに千年の歴史が忠実に保たれていた。

また大運河の対岸には白亜の大殿堂サンタ・マリア・デッラ・サルーテ教会が陽を浴びて輝いており、ひときわ広いジュデッカ運河を隔てたその左手には、高名な建築家アンドレア・パッラーディオがこの広場から最も美しく見えるように設計したとされるサン・ジョルジュ・マジョーレ島の島と同名の修道院が大きなドームと高い塔を伴って眺められた。

そして眼下には、南北約八十メートル・東西約一七五メートルというつい先程まで立っていたサン・マルコ広場が広がっていた。中央に向かって大きく張り出したカフェのオープンテラスや、二列に施した白い幾何学模様の上を往き来する多くの人々の姿が見られ、向かい側の旧行政館右手にはひときわ高い十五世紀のものという時計塔が眺められ、頂上に鐘を打って時を告げるブロンズ像のムーア人が乗っていた。さらにその右手が五つのドームと多くの小塔で飾られたサン・マルコ寺院で、それに続いて共和国時代に政治の中心であったローズピンクの優雅なドゥカーレ宮殿や、聖マルコの象徴である金色のライオン像とヴェネツィア最初の守護聖人である聖テオドロス像が乗った二本の石柱が見られた。

なお寺院と政治の中枢機関に面したこの広場は共和国時代、国家の玄関であり同時に国家の重要行事を行なう屋外広間の役割を果たした。宗教的祝祭や政治的儀式・外国賓客の行進・市民の集いなどすべてがここで行なわれ、その時の賑わいの一端は、十五世紀末の巨匠ジェンティーレ・ベッリーニによる「サン・マルコ広場での聖十字架遺物の行列」からもうかがうことができる。そしてまたこの作品からは、この広場が当時とほとんど変わらない状態で今日に至っていることも知ることができる。（この作品を含むアカデミア美術館の展示作品や、ナポレオン翼の一角にあるコッレール博物館などに関しては、別項「イタリア美術紀行」を参照されたい）

【サン・マルコ寺院】

鐘楼を降り次いでサン・マルコ寺院に向かった。この教会は、九世紀初めに十二使徒の一人である聖マルコの遺体を二人の商人がエジプトのアレキサンドリアから持ち帰った時、それまでの聖テオドロスに代えてマルコを町の新しい守護聖人として祀るために建てられたことに始まり、現在の建物はヴェネツィアが地中海貿易の主役に躍り出て最盛期を迎えようとする十一世紀に再建されたもの。アカデミア美術館にあるティントレット作「サン・マルコの遺骸の運搬」はこの時の模様を描いたものである。なお共和国の信仰の中心であるこの寺院が大聖堂（ドゥオーモ）でなく単なる教会の格式であるのは、共和国がローマ教皇からも独立していて教皇による格付けを不要としたためという。

正面には二層のコリント式の列柱に区切られた五つの入り口が並んでおり、それぞれの上部半円形のタンパンは美しいモザイク画で飾られていた。そしてひときわ大きい中央入り口の上のバルコニーには、四頭の馬のブロンズ像が広場を見下ろしていた。十三世紀初頭に派遣された第四次十字軍の海上部隊の主力としてビザンチン帝国の首都コンスタンティノープルを攻略した時の戦利品で、町の自由と繁栄の象徴であったという。もっともこれはレプリカで、本物は寺院横の階段を登ったところにある寺院付属博物館に納められており、十八世紀末にナポレオンに占領された時には戦利品として持ち去られ、彼の失脚後に返還されたという。そこからさらに視線を上げると、バルコニーの奥には多くの彫刻に飾られた五つの小ファサードが並び、その上の屋根にも多くの小塔と彫刻の装飾が眺められた。そして屋上には大小のドームが頂上部分をのぞかせていた。

堂内に足を進めると、ドーム内側の円天井から壁・床にいたるまで新約旧約の聖書の物語をテーマにした華麗なモザイク画と彫刻に覆われており、材料の金箔銀箔や色ガラス・大理石などが窓からのわずかな光に複雑に輝いてバジリカ・ドーロ（黄金の聖堂）の名に恥じなかった。そしてそこに描かれたキリストやマリアなどの姿は、ルネサンスの絵画や彫刻が描きだした生々しいまでの写

ヴェネツィア／ヴェネツィアの表玄関に立つサン・マルコ寺院

実感とは異なり、ビザンチン芸術に特有の正面を向き動きのない姿勢で、長身の力強く崇高な人物像として描かれていた。

奥に進むと、主祭壇内陣に置かれたキリストの浮き彫りを中心とした黄金の装飾衝立（パラ・ドーロ）が目を引いた。多くの黄金・千三百の真珠・四百のガーネット・各三百のサファイアとエメラルドをちりばめたという燦然と輝く作品で、十世紀末にコンスタンティノープルからもたらされた現物に三百年を費やして現在の形に仕上げたといい、まさに地中海貿易の覇者ヴェネツィア共和国の富と繁栄の象徴であった。

なおこの寺院は先の鐘楼からの眺めからも知られるように、中央の大ドームを中心にして縦横の長さが等しい十字形・いわゆるギリシャ十字の平面に建てられており、西ヨーロッパに一般的に見られるローマ時代のバジリカ式建築の伝統を引く縦長の十字形・いわゆるラテン十字の建築とは異なる手法を採っている。これはビザンチン帝国が最盛期を迎えた六世紀にユスティニアヌス帝が首都のコンスタンティノープルに建てたアヤ・ソフィア大聖堂が代表的な遺産であるようにビザンチン建築の特徴であり、サン・マルコ聖堂は、貿易を通して盛んに交流があったビザンチン帝国から建築や装飾など諸々の文化を学び取って造り上げた最高の遺産である。

【ドゥカーレ宮殿】

大寺院の右手に隣接するのがドゥカーレ宮殿で、ここは共和国の元首である総督（ドージェ）の居所であり、大評議会や元老院・十人委員会・四十人委員会など議会や審議会・最高裁判所に相当する国家の最高機関が置かれたところである。新行政館の端に立って宮殿に向かい合うと、小サン・マルコ広場を隔ててベネツィア・ゴシック様式の傑作とされる大理石造りの美しい姿が眺められた。一階部分は多くの列柱とそれに支えられた尖頭アーチが続き、二階部分は間隔を半分にして軽快さを見せる列柱とアーチが続いていた。そして壁の一部に七つの窓が並ぶだけのシンプルな三階部分の中央から共和国のシンボルである羽のあるライオンの装飾が見下ろしていた。九世紀に要塞として最初に築かれ、十四～六世紀に国の隆盛とともに改修されて現在の姿になった。

なおこの宮殿はゴシック様式として大きな特徴を見せていた。即ち他の西欧諸国におけるゴシック建築が、天をめざして聳える尖塔に象徴されるように高さを強調しているものが一般的であるのに対し、この宮殿は高さを指向する代わりに横への広がりを見せていた。これは単に地盤が軟らかいという理由からだけではなく、古代ローマ文明の継承者としてゴシック様式をゴート風・野蛮な風習として受け入れを拒否したイタリア人の矜持がもたらしたものと思われる。このことはロンバルディア・ゴシックの傑作といわれるミラノのドゥオーモにもいえることであるが、ゴシック様式を取り入れながらも洗練とか軽快・優雅といった要素をより重視した結果であることが感じられた。

中央にブロンズの彫刻で飾られた井戸がある壮麗な中庭の奥から軍神アレス（マルス）と海神ポセイドン（ネプチューン）の像が見下ろす巨人の階段を登ると二階回廊でここから宮殿に入るが、かつてはこの階段上の踊り場で新任総督の就任式が行なわれたという。なお国家元首である総督の任期は終身で、野心家の就任を防ぐため選出にあたっては何回もの抽選と選挙を繰り返し、最後に市民大集会が承認を与える制度を採っていた。

また選ばれた総督の独裁を防ぐため任期一年の六名の補佐官を置いてその半数以上の賛成がなければ決定できない仕組みを採用し、その他にも政治・財政・外交への厳しいチェックや有能な人材登用のために多くの制度的な工夫がなされていた。ヴェネツィアが千年にわたる共和制による安定した政治と繁栄を維持できた秘密はここにあるといわれている。

二階から三階に続く黄金の階段はすばらしかった。外国からの使節・賓客が必ず通ることになるこの階段は、天井から壁にかけて金メッキの化粧漆喰と彫刻で絢爛豪華に装飾されており、先ず訪問者の度胆を抜いて共和国の富と権勢を印象づけるために設計されたといわれる。そこから最初に足を運んだのは総督の居住空間で、壁に地中海を中心とした当時の世界地図が描かれている「地図の間」には、南北を逆にした珍しい地図や大きな地球儀などもあり、大航海時代以前の世界観を知ることができ興味深かった。

次いで国家機関が置かれていた空間に進むと、十六〜七世紀に活躍したイタリア・ルネサンスのヴェネツィア派を代表する巨匠たちの絵画に飾られた豪壮華麗な部屋が続いており、地中海貿易を支配することで流入した莫大な富と共和国の繁栄ぶりがしのばれた。「元老院の間」には華麗な浮き彫りなどで囲まれたティントレットの大天井画「ヴェネツィアの称揚」が見られ、「謁見の間」にはヴェロネーゼの「レパントの勝利を感謝するヴェニエル提督」が見る人のため息をさそっていた。

そこからティントレットのフレスコ画で飾られた「四つの扉の間」を過ぎると、真上にある独房と拷問室から引き出された罪人が判決を受けて牢獄や刑場に送られた「十人委員会の間」があり、小規模ながら公安・外交・軍事など国家の中枢機関が置かれたこの部屋の天井には、聖マルコの象徴であるライオンを従えたヴェネツィアの擬人女性像と、空から彼女に王冠や金貨・宝石などの富を注ぐ女神ヘラ（ユノ）を描いた、ヴェロネーゼの明るく豊麗な「ヴェネツィアに恵みを注ぐユノ」が見上げられた。興味を引いたのはその先の「羅針盤の間」に設けられていた「密告箱・目安箱」。市民が誰でも政府への要望や野心家の告発などの訴状を階段から秘密裏に投げ入れることができるポストで、ここにも千年の繁栄を可能にしたヴェネツィアの共和制と民主制の安全弁を見ることができた。

これらにも増して圧巻であったのは奥行五十四メートル・幅二十五メートル・高さ十五・四メー

トルの千五百人を収容するという「大評議会の間」で、この大広間に貴族階級の全ての成人男子が集まって開かれる大評議会で国家機関のあらゆる役職が選ばれた。周囲は最高機関の会議場に相応しく国家の威信をかけて絢爛豪華に装飾されており、天井には金箔を多用した浮き彫りに囲まれたヴェロネーゼの「ヴェネツィアの大勝利」が眺められた。また正面の壁には、中央上部にキリストとマリアを置き、その下に無数の人間を配した世界最大の油絵というティントレットの「天国」が見る人を圧倒していた。なおこの部屋には、独裁をめざしクーデターを企てたとして処刑された一名を除く歴代総督の肖像も掲げられていた。

これらの他にも「投票の間」や「四十人委員会の間」などいくつもの部屋を回ったが、これらの部屋を華麗に装飾している絵画にはそれぞれ国家から委託された重要な意図が込められているという。即ち「謁見の間」やその控え室である「四つの扉の間」など外交の機能を担った部屋では、既に記したように国家の繁栄と威信を示す狙いが込められており、次の「元老院の間」や「十人委員会の間」・「大評議会の間」など国家の運営を担う部屋では、多くの神々や先哲・歴代総督の偉業などに見守られることで、そこで任務に就く市民に崇高な義務感や真剣な意識を涵養《かんよう》しようという狙いがあったとされている。

最後に「検察官の間」などを回って屋外に出ると運河に架かる「ため息橋」で、投獄を宣告され二度と娑婆に戻る希望を断たれた罪人がため息混じりに渡ったというその先に、荒削りの石と鉄格子からなる狭く陰惨な新牢獄が右手に見られ、間もなく出口であった。

【ジャコモ・カサノヴァ】

なお堅牢無比とされていたドゥカーレ宮殿の牢獄から脱獄に成功した唯一の人物がジャコモ・カサノヴァである。栄光の時代が過ぎ頽廃の度を深めた十八世紀のヴェネツィアに生まれた彼は八才で事実上の孤児となり、パドヴァの学者の家に預けられるとそこで九歳にして恩師の娘から悪女の手練手管の洗礼を受けた。その後故郷に帰り、偶然の機会から二十一歳で有力な元老院議員の養子となって富と名誉を手にしたが、やがて修道尼たちとの乱れた生活が国事犯審問所に摘発され、三十才で牢獄に繋がれた。

しかし十五ヵ月後に脱獄に成功した彼は以後二十年にわたりヨーロッパ各国を放浪することになり、その間、王室にも出入りするなど社交界でも名を馳せながら、貴婦人・女優・女工・令嬢・娼婦など百人を超える女性との恋の遍歴をたどった。後に年老い経済的にも窮迫した彼は政府の密偵という屈辱的な身分で帰国を許されたが、この間の華麗な遍歴については落魄した六十五歳の時に異国で綴った「回想録」（社会思想社）に詳しく、恋多き男カサノヴァの生涯は爛熟した共和国の掉尾を飾るに相応しいものと言われている。

【町の歴史】

かつてこの町はアドリア海に面した内海の干潟（ラグーナ）であったところで、沿岸の住民がそこを埋め立て島をつくって移り住むようになったのは五世紀の中頃からという。当時中央アジアで遊牧生活を送っていた騎馬民族であるフン族は、しばしば周囲を侵略して虐殺・拉致・掠奪を繰り返していた。そのフン族の大軍がアッチラに率いられて西に向かったという噂が伝わると、人々は司教に導かれて唯一の避難場所である海に浮かぶ小島や砂州に向かい、以後六世紀のゲルマン民族の一派であるロンバルド（ランゴバルト）族の侵入などもあって、沖合の葦の茂る浅瀬や砂州・干潟に松などの杭を打ち込み土を盛って島を造り移り住んだ。そして九世紀初頭のフランク王国の侵入の際、更に沖合であった今日のリアルト橋一帯を造成して町の中心をここに移すとともに、浅瀬と干潟の間の迷路のような水路に王国の艦隊を誘い込んで大勝した。この時、浅く狭い水路を自由に航行できる小舟からなるヴェネツィア水軍を率いて戦ったのが、七世紀末以来市民の選挙によって選ばれてきた終身制の総督で、総督は共和国の元首であるとともに共和国の生命線である海上航路の安全を確保する上で不可欠の艦隊の最高司令官でもあった。

このように私達が観光する今日のヴェネツィア市の大部分は、長年にわたって築かれた一一七もの人工島の集合体で、船の通行の際に広場で足元が揺れたり、モザイク画が美しいサン・マルコ寺院の床が波打っているのは地盤が軟らかいためであり、狭い小路の両側に隙間なく低い建物が密集している町並みは狭い島に人口が増加したためである。

またヴェネツィアは、西ヨーロッパの大部分を統一したフランク王国と東ヨーロッパを支配するビザンチン帝国の条約によって九世紀初頭よりビザンチン帝国領になるとともに、両国内の交易の自由を認められて、経済的繁栄へのスタートを切った。サン・マルコの遺骸がもたらされたのはまさにこの時期のことである。そして自由都市として自治権を認められた十世紀から西地中海の海賊を掃討し、十一世紀末の第一回十字軍で海軍と輸送を担当し、十二世紀前半にエジプト海軍を撃破し、十三世紀前半の第四回十字軍の主力となってコンスタンティノープルを占領することで東地中海の交易権を独占し、オリエント地方とヨーロッパ各地を結ぶ胡椒を中心とした中継貿易で巨大な利益をあげた。当時のヴェネツィア共和国はこの巨大な経済力を背景に、人口わずか八万人で領土的にもきわめて小国ながらイギリス・フランス・神聖ローマ帝国（ドイツ）などの有力な国家と対等の国交を続け、最盛期を迎えた。これまで見てきた絢爛豪華なサン・マルコ寺院やドゥカーレ宮殿、あるいは名画の宝庫アカデミア美術館や壮麗ないくつもの建築などはそれを今日に伝えるものである。

細い小路が入り組み車が走らないヴェネツィアの最も重要な交通手段は、街の隅々まで張り巡らされた百五十を数えるという運河で、そのなかでメイン・ストリートの役割をはたしているのが街をS字状に貫いている大運河（カナル・グランデ）。ここを水上バス（ヴァポレット）から眺めると、陸地からは味わえないヴェネツィアのすばらしさを短時間で満喫することができるという。

【市内西部】

それで各駅停車のヴァポレット①が出発するローマ広場の乗り場をめざした。サン・マルコ寺院と旧政庁館の間からサン・マルコ広場を出て町の西側に渡るリアルト橋をめざすと通りは人がすれ違うのもやっとという狭さで、両側の小さな店や狭い広場など中世さながらの風情を色濃く残していた。これはヨーロッパ各地の旧市街に見られる一般的な景観で、両側の建物は一階が店や事務所・その上の数階が集合住宅になっている。突き当たりの運河沿いの道を右に向かうと大運河を跨ぐ石造りの堂々たるリアルト橋で、そこから目的地に向かう途中、念願であった三ヶ所に寄り道した。

最初が市内で最も人々の心を癒すと言われるサン・ポロ広場で、周囲は十四～八世紀のものという情緒豊かな建物に囲まれており、カフェ・テラスで静かに憩う人や中央で立ったまま談笑する若者など多くの人々の姿が見られた。また広場に面してゴシック様式のサン・ポロ教会が目につき、中に入るとティントレットの「最後の晩餐」や「受胎告知」がよく知られたテーマだけに印象に残った。

そこからすぐ先にあるのがサンタ・マリア・グロリオーザ・フラーリ教会。ヴェネツィア市内で最も重要なフランチェスコ派の教会で、素通しのステンドグラスからの光で明るい後陣の主祭壇には、ここに葬られているティツィアーノの大作「聖母被昇天」が安置されていた。中段の雲の上には天使に導かれて天国に向かうマリアが、その下には驚き見上げる信者たちの姿が、ヴェネツィア派特有の華麗な色彩と世俗的な描写で描かれていて期待を裏切らなかった。また左手の廊下には、彼の「ペーザロ家の聖母」が見られた。

次いで向かったのが有名なサン・ロッコ（聖ロクス）信者会。信者会（同信会・スクオーラ）とは有力商人をメンバーとした相互扶助・慈善事業・信仰擁護をスローガンにした友好団体で、これに加入することは、貴族と同等の社会的地位や役割を示すステータスをも意味した。今日のライオンズクラブなどに似た団体で、他にもサン・マルコ信者会とか聖ヨハネ信者会など市内にいくつも結成された。そして信者会には立派な集会所・礼拝堂・救貧施療院などが置かれ、その内部は貴族だけによる政治機構が置かれたドゥカーレ宮殿の華麗な装飾に対抗して有名な画家による多くの作品で飾られた。

広場に立つと、屋上に彫像を乗せた二層からなる十六世紀建立の集会所が、ルネサンス様式の左右対称の美しい姿を見せていた。ここでのお目当ては、壁や天井を飾るティントレットが二十年を費やして完成させたという数十枚の大作。一階では先ず「受胎告知」が足を止めさせ、次いで「嬰児虐殺」や「マグダラのマリア」などが目をひいた。二階は旧約聖書と新約聖書から題材をとった「最後の晩餐」や「キリスト磔刑」など多くの絵画が続き、特に後者は印象に残った。大勢の人が見守る中、キリストを縛りつけた十字架を建てようと柱にしがみつく数人の男と綱を引く男を描いたもので、作者自身が最高傑作と認めたという作品である。ここでは他にもヴェネツィア派の最高峰と言われるティツィアーノなどよく知られた作者の作品も見ることができ、長年の期待を十二分に満たしてくれた

【大運河クルーズとゴンドラクルーズ】

サン・ロッコ集会所を後にして狭い小路を西に進むと間もなくめざすローマ広場で、ヴァポレットに乗って出発すると間もなく国鉄サンタ・ルチア駅前の発着所を経て、左手に小さなドームを乗せたサン・メシオン・ピッコロ教会が目に入った。そしてスカルツィ橋をくぐるとやがて右手に円頭アーチと列柱が美しいビザンチン様式のトルコ商館（現在は自然歴史博物館）が、その斜め対岸には三層の円頭アーチの窓が美しいルネサンス様式のヴェンドラミン・カレルジ宮（カジノ場）が

ヴェネツィア／町をぬう狭い運河のゴンドラクルーズ

見えてくる。次いで右手に三層の優雅なバロック様式のペーザロ宮（近代美術館）・斜め対岸に列柱とアラブ風の柱頭が美しいヴェネツィア・ゴシック様式の最高峰カ・ドーロ（美術館）が、続いて四層からなる装飾が少ない端正なドイツ商館（中央郵便局）が姿を見せ、右手に多くの船が出入りしている魚市場を眺めて進むとすぐに立派な石造りのリアルト橋が眺められる。

そこから進むと左手に十二世紀のものというロマネスク様式の市庁舎が見られ、続いてルネサンス様式のグリマーニ宮とルネサンス様式のコルネール・スピネリ宮が現われる。さらに運河が大きく左に曲がる左側にグラッシ家の大宮殿グラッシ宮（美術館）が、バロック様式の美しい姿を見せ、対岸正面にゴシック様式のフォスカリ宮（大学）が、続いて四層からなるバロック様式のレッツォーニコ宮（博物館）が現われる。そしてその先が木造のアカデミア橋で右側にヴェネツィアが誇る美の殿堂アカデミア美術館が建っており、最後にその先左手のコルネール宮と対岸の大運河の貴婦人サンタ・マリア・デッラ・サルーテ教会が眺められ、教会前のサルーテ停留所の次のヴァッラレッソ停留所で下船して右手に向かうとすぐにドゥカーレ宮殿である。

このように大運河クルーズは、十二世紀のロマネスク様式からゴシック様式・ルネサンス様式・バロック様式・十八世紀のネオ・ゴシック様式と、数百年にわたる多様な建築様式の流れを眺めることができ、大運河そのものが壮大華麗な建築博物館をなしていた。

なおヴェネツィア観光というとすぐに脳裏に浮かぶのがゴンドラクルーズで、町を縦横に走る狭い運河から眺める通りの裏側は、陸上からはうかがうことができないヴェネツィアならではの姿を見せてくれる。特に夜のクルーズは両側にうらぶれた古い建物や簡単な船着場などがランタンの薄明りに浮かび、船頭の唄うカンツォーネとあいまって哀愁を帯びた独特の異国情緒を感じさせてくれた。反面、視界の及ぶ範囲が狭く、庶民の生活臭がする「下町」のたたずまいを眺めるには必ずしも適さなかった。一方昼のクルーズは両側の景観がよく眺められる反面、夜間に感じた情緒豊かな雰囲気を味わうことはできなかった。そして私を悩ませたのが運河から発する臭気で、両側から流れこむ雑排水が流れの遅い運河の自浄能力を上回っていた。

自然の造形美―ドロミテ渓谷から湖水地帯へ

【錦秋のドロミテ渓谷】

ヴェネツィアを後にしてイタリア最大の河川ポー川が形成した広大な沖積平野を一路北上すると、しだいに山岳地帯に入ってゆく。この道はドロミテ山塊の東側を経てザルツブルクからウィー

北イタリア／ドリミテ山系

ンやミュンヘンなどオーストリア・南ドイツと結ぶ塩の道として古くから用いられ、今日では独特の景観が人気を呼び、山岳リゾート地として世界的に知られるようになったドロミテ渓谷とコルティナ・ダンペッツォへの入口として整備された。

谷沿いの道は進むに従って傾斜が増し、それとともに左右の山裾は穀物やブドウの畑からしだいに牧草地や牛の放牧地に変わり、さらに羊の放牧地が急斜面の山肌を覆うようになった。そして白いガスがかかった山頂に続く広葉樹林にはモミやカラマツが交じって複雑な樹相を見せてきた。しばらくして、車窓から素晴らしい景色が視界に入ってきた。幸運にもガスが去った峻険な山頂からは、剥き出しの荒々しい岩肌が急崖をなしており、下るに従ってそこにへばりつく金色のカラマツがしだいに増え、やがてそれが黒いモミと交じりあうようになり、さらに紅葉真っ盛りの広葉樹との混交林になった。

北イタリア／ドロミテ渓谷

ドロミテ山塊はスイス・オーストリアとの国境をなし、イタリア・アルプスの東端に位置するこの一帯は、今回往く先々が紅葉真っ盛りであった。上流の石灰岩を溶かして流れる谷川は薄く灰色を帯び、広葉樹の濃淡の紅葉と鮮やかに黄葉したカラマツと黒いモミが造り出す天然の縞模様が両側の山腹を生え登り、その上に続いて棲み分けるカラマツとモミが鮮やかな対称を見せ、そして陽を浴びて光る峰々の茶色の岩肌とそこに点在する金色のカラマツが壮観。これまで穂高の涸れ沢や尾瀬の紅葉に幾度も感嘆の声を洩らしてきたが、人為を超えた壮大な自然の造形美に言葉もなく圧倒される思いであった。

【コルティナ・ダンペッツォ】

到着したコルティナ・ダンペッツォの町は、北東のクリスタロ山や東のソラビス山・西のトファナ山など三千メートル級の山々に囲まれた盆地の中央に位置し、これらの山々の遠望が素晴らしかった。一帯は第一次大戦でイタリア領になるまで約四百年にわたってオーストリア帝国（ハプスブルク家）の支配下にあっただけに、黒い屋根にねずみ色の壁といったドイツ風の建物が多く見られ、ホテルなどの標識にはドイツ語が散見された。もっとも一部は赤い屋根にオレンジ色の壁といったカラフルな山小屋風の建物も見られたが、それらは近年新たに建てられたもので、新旧を問わず通りに面したどの階にも設けられたベランダには、魔よけの鹿の角などとともに色とりどりの花が見られた。

人口八千人余りの山と緑の牧場に囲まれたこの小さな町は、一九五六年に冬期オリンピックが開催され、猪谷千春選手が日本に初めて冬期オリンピックの銀メダルをもたらしたところとしても知られている。鉄道はこの時に初めて開通したといい（現在は乗客不足で廃線）、険しい山々に囲まれて長く外界との交流が少なかったため、中世以来のドイツ風の風俗を残しているという。同時に、郊外から山地にかけては、至る所にロープウェーが設けられ、道路の上に橋をかけてスキーのコースをつなげ、その間をトレッキングコースが通じ、ホテルが目につくなど四季を通じた山岳リゾート地の顔も見せていた。

街の中心は歩行者天国のコルソ・イタリア通りで、あまり広くない通りの両側には土産物店やバール・カフェ・レストラン・果物店などとともにローマやミラノの有名店の出店が皮革品や毛皮・衣服・宝石類などを並べていた。一角にファサード（正面）を修復中の教会が目についたので入ってみると、主祭壇と身廊中央部左右の祭壇にはともに聖母像が掲げられており、捻り柱などバロック様式を示していた。その後バールに入りカプチーノを啜りながら足を休めたが、この町を本当に知り楽しむには、ロープウェーで展望台に登りトレッキングしながら下るなど、せめて一日を費やす程度の時間は不可欠に思えた。

【ミズリーナ湖】

町から東に向かい、カラマツ林を抜けて峠を越すとドロミテの真珠として知られる風光明媚なミズリーナ湖に到着。ここでも頂上の急峻な岩稜に続く黒いモミと金色のカラマツが織り成す華麗なタピストリーを思わせる周囲の山肌が湖岸に迫り、蒼い水を満々と湛えて静まり返った湖面に、尖塔を並べたような山頂をもつ北側のトレ・チメ・ディ・ラヴァレド山や、重量感あふれる東側のソラピス山が姿を映す素晴らしい景観を堪能することができた。湖畔には土産物店やホテルが見られ、この地方の民俗衣裳姿の人形を土産に買って湖を後にした。

その後、コルティナ・ダンベッツォからドロミテ地方の西の玄関口ボルツァーノをめざしたが、途中のドロミテ山塊を越すポルドイ峠やセラ峠などからの眺めが忘れがたい印象を残した。垂直の岩壁やモンスターを思わせる怪奇な山容が、緑の放牧地から突然天空に向かってそそり立ち、見下ろしていた。このような奇岩怪峰群は、一万年前まで続いた氷河時代に、かつての海底が隆起し形成された褶曲山脈を覆った厚い氷の流れが百万年もの時間をかけて軟らかい部分を削りとり形成した自然の造形作用の産物という。

【チロル風の村オルティセイ】

ボルツァーノへの途中、オルティセイ村に立ち寄った。急斜面の緑の牧場に囲まれた牧歌的な小さな集落で、深いV字谷の対岸から絵に描いたようなチロル風の景観が眺められた。駐車場からつり橋を渡って集落に進むと、さして広くもない坂道の両側に土産物屋やホテル・カフェ・花屋・服飾店などが並び、散策する観光客の中には欧米人に交じって中国人や日本人の姿も目についた。しかし特に興味をひくものは目につかず、やはりここは自然のなかにおいて眺めることで見る人の心を和ませるところに思われた。

急斜面に羊の群も見られる放牧地や黒と緑の樹林・その間に点在する素朴な民家などを眺めながら谷沿いの狭い曲がりくねった坂道を下ると、やがて牛の放牧やブドウ畑が見えてきたが、山腹のブドウ畑は石垣を積んだ細長い段々畑になっており、何世紀にもわたり棚田や段々畑にしがみついて生計をたててきた奥会津の故郷を思い出させた。そしてこの道も中世以来オーストリアのザルツブルクやリンツ方面からの塩の道として賑わったといい、山腹には当時の領主が通行する旅人や荷駄を監視し課税したという城塞の廃墟が点在していた。

到着したボルツァーノの町は今日ドロミテ観光の西の玄関口であるとともに、かつてはインスブルクからミュンヘンなど南ドイツを経て北ドイツから北海岸のハンザ同盟都市と通じる重要な通商路の中継地であり、さらに第一次大戦までオーストリア領であった南チロル地方の中心地であった。それ故この地方ではイタリア語とともにドイツ語・ロマンス語が公用語で、今なおドイツ語が最も多く使われているという。それを示すように看板などにはドイツ語が目につき、建物も新しいものを除くとこれまで見てきたドイツ風のそれが多く、教会の塔は先端部分が黒色で針のように細く天をめざし、レストランなどのメニューはイタリア語とドイツ語が並記されているところが珍しくなく、ホテルのエレベーターに乗り合わせた人の口からは、乗り込む時はグーテンモルゲンとか奥から出る時はビッテといった言葉が聞かれるなど、今なおドイツ文化圏の様相を呈していた。

【ボルツァーノ】

町の中心はワルテル広場で、それに接して時計塔を兼ねたゴシック特有の鐘楼が遠くからも眺められるドゥオーモが建っており、幾何学模様を呈した色タイルの屋根が珍しかった。十四～六世紀の建築といい、高いラテン十字の身廊から一段低く半円形に張り出した内陣には、ロマネスク様式も見られた。また広場から北に進むと、野菜や果物の市で賑わうエルベ広場から中世の民家が保存されているポルティチ通りにかけて散策が楽しめ、近くに建つドメニカーニ教会では、創建当時のものという美しいフレスコ画が眺められた。

【ガルダ湖】

ドロミテ観光を終えて向かったのはミラノ北方のアルプス南麓に続く湖水地方。氷河が残した大小の湖が連なっており、風光明媚な景色と夏の涼しさから古代ローマ時代から王侯貴族が別荘をつくり、多くの文人・芸術家が訪れたところである。

最初に到着したのが、イタリア最大の湖というガルダ湖。南岸のデセンツァーノは定期船の発着所がある観光の根拠地で、港に面したカペレッティ広場には各種のショップやカフェ・ホテル・レストラン・定期船のチケット売場などが並び、見所としてはインフォーメーション裏手のドゥオーモにあるティエポロの「最後の晩餐」や、やや北のローマ時代の別荘跡の床に残る美しいモザイク画などが必見である。また定期船ですぐのシルミオーネは、十三世紀のものというスカラ家のゴシックの堅牢な城塞が湖岸に美しい影を落としており、岬の先端にあるだけに湖畔の散策が最高である。

【コモ湖】

次いで向かった高台から眺めると人の字に見える細長いコモ湖は、水深四一〇メートルとヨーロッパで最深を記録すると言い、強い日差しを反射して静まり返っていた。両側から迫る豊かな樹木の山と濃紺の湖面がつくりだす風光明媚な景観は古くから広く知られており、雨が少なく乾いた大地が広がるイタリアの半島部からは、古代ローマ時代からカエサルなど多くの人が訪れ滞在した。また近代になると各国の王侯貴族や富豪・芸術家などが競って湖畔に別荘を建て、イタリア屈指の避暑地になった。

南端にある湖岸の中心の街コモは現在もホテルやレストラン・カフェ・各種の店などが並んで観光の基地になっていたが、建物やその装飾は街の伝統的な風情や自然との調和に留意して大げさな看板や奇抜なデザインなどによるむき出しの商魂を自制しあっていることが感じられ、明るく落着いた町並みの間にいくつもの歴史遺産が大切に保存されていた。ヨーロッパを旅行するといつも感じることであるが、住民のこのような暗黙の合意による自制心が、どこかの国のような「ゴミ屋敷」の出現を阻んでおり、また法制化して学校で強制するまでもなく郷土を愛する心が受け継がれていくのではないだろうか。

街の中心は湖に面したカヴァール広場で人気の遊覧船乗り場はここにあり、反対側には長く街の歴史を見守ってきたブロレットとドゥオーモが建っていた。白・グレー・赤の大理石の配置が印象的な前者は旧市庁舎と時計塔で、ロマネスク様式の八角形の太い柱は十三世紀の創建時のままで、ゴシック様式の尖頭アーチの窓は十五世紀に改修されたものといい、二階部分が市庁舎であったという。興味を引いたのは道路よりかなり低くなっている階下で、創建当時はその底の部分が地平線であったという。後に湖面の上昇で広場一体が埋め立てられて現在の地面になったというが、発掘され整備されたそこは強い日差しを避ける人々の憩いの場になっていた。

広場に面して建つその隣の白を基調としたドゥオーモは、尖頭アーチの縦長の窓や正面中央のバラ窓などにみられるゴシック様式から、左右対称の整然とした入口を含む建物正面のルネサンス様式、さらには後方の大ドーム（円屋根）や塔などの十七～八世紀のバロック様式と、創建以来度々改修が繰り返されたことを知らせていた。そしてこの大聖堂は正面入口上部の半円部分（タンパン）に見られる美しい彫刻が示すように、聖母マリアに捧げられた教会で、起源はロマネスク様式の小さな聖堂であったという。

内部は壮大な三廊式で、左右の側廊には聖母の生涯を織り込んだという十六世紀の大タペストリーが見られ、金箔で装飾したドーム直下の手前には十七世紀の大パイプオルガンが見られた。そこから奥の主祭壇へ進むと中央に黄金の大祭壇があり、半円形の内陣後方はステンドグラスで飾られていた。また祭壇前に安置されていた白大理石の台は、中央に磔刑のキリストの浮き彫りが見られ、ロマネスク様式によるこの教会最古の遺品という。

内陣手前右側には聖母マリアの祭壇があり、ローマのサン・ピエトロ大聖堂のベルニーニによるバロック様式の華麗な祭壇を模した天蓋や曲がり柱が用いられており、左側の磔刑のキリストの礼拝堂後方にあるピエタのステンドグラスも、サン・ピエトロ大聖堂のそれを模したものという。

ドゥオーモを後にしてヴィットリオ・エマヌエレ通りを進んでサン・フェディーレ広場をめざしたが、途中、和服をキリッと着こなして颯爽と石畳の道をゆく日本人女性が目にとまった。サン・フェディーレはローマ帝国の弾圧で殉教した兵士の名前で、同名のロマネスク様式の教会は彼の墓に建てられた六世紀の小堂が起源という。

大きなバラ窓以外に装飾が見られない簡素なファサードの入口から、頭上にキリストのフレスコ画を眺めながら入ると内部は三廊式で、白と黒の大理石板を敷き詰めた床を進むと、半円形の内陣中央にバロック様式の金色に輝く大十字架が見られ、主祭壇下には聖フェディーレの墓が見られた。また右側にキリスト像を中心にフレスコ画や彫刻で飾られたバロック様式の祭壇があり、左側には十六世紀のものという聖母マリアの生涯を描いたルネサンス様式のフレスコ画や、中央に印象的な聖母像をおくバロック様式の大祭壇が見られた。

この他コモの街には、広い緑の芝生の奥に建つ電池の発明者ヴォルタの遺品を展示したヴォルタ博物館や、この一帯の名産である絹織物に関する絹教育博物館などがあり、緑の山と糸杉と瀟洒な別荘と濃い藍色の水が創り出す風景が美しい湖岸の散策も印象深かったが、圧巻はブルナーテ山頂からの眺めであった。カヴァール広場から湖岸を右手に進むとケーブルカーの駅があり、十五分おきに出るそれに乗ると眺望絶景の山頂である。目の前に急斜面の山に囲まれた湖が広がり、両岸のあちこちには別荘やホテルなどの小さな集落が点在し、はるか白雪のアルプスの峯々から広大なロンバルディア平原が眺められた。

なお湖上には多くの遊覧船や定期船が白い航跡を見せていたが、湖をそのまま北に進むとアルプスを超えてスイスにいたる近道でもあるこの湖は、ローマの将軍カエサルがここに船団を常備させ軍道の代わりとして重視して以来、イタリアとスイスを結ぶ重要な水路として二千年にわたって利用され続けてきた。

【マジョーレ湖畔のストレーザ】

次に訪れたマジョーレ湖畔のストレーザは、湖と後背の山に挟まれた細長い街で、二十世紀初頭から湖水地方きっての高級リゾート地として知られるようになった。まだ人気も疎らな早朝、ホテルから車道を隔てたルンゴラーゴと呼ばれるボッロメオ湾岸の遊歩道をたどると、目の前に広がるアルプスからの水を集めた濃紺の湖が、わずかな波に陽を反射して煌めいており、そこに教会の塔なども認められる緑色の小さな島が点在しているのが眺められた。そして遥か彼方に氷河によって形成された峨峨たる山脈が続いていた。また街路樹が連なる車道から湖岸にかけては建物が見られず、日差しを遮る松などの樹木の下にベンチが置かれ、芝生や満開の花に覆われた花壇が整備されていた。このようなプロムナードを、犬を連れた老夫婦が散歩し、汗を滴らせた中年男性が走り去っていった。

一方反対側の山麓には、イタリアを代表する伝統と格式を誇る高級リゾートホテルが植え込みが美しい庭園に囲まれて並んでおり、花の季節には世界各国からの旅行者が長期滞在するという。なお第一次世界大戦を舞台にしたヘミングウェーの小説「武器よさらば」のクライマックスは、現地人バーテンが恋人を連れたアメリカ人脱走兵に追及の手が伸びたことを告げに来るここのホテルでのシーンから始まる。そして猛烈な暴風雨をつきボートでスイスに逃れた二人は、束の間の幸せの日々を送ることになる。

【ベラ島・王宮】

その後ベラ島に渡り王宮を見学した。湖に浮かぶ三つの島はともに中世から栄えた貴族ボッロメオ家の所有で、本来美しいという意味のベラという名前は、王宮が建てられた十七世紀末の当主夫人エザベラの名前からとったものという。王宮はナポリに本拠を置くボッロメオ家が地中海の暑い夏を避ける離宮として建てたもので、百を数えるという部屋は、天井から壁・床にいたるまでフレスコ画やモザイク画・大肖像画・浮き彫り・大鏡などによってバロックやロココの様式で華麗に飾られており、そこにイタリア内外からの豪華な家具・調度品・陶磁器などが置かれて王家の富と権勢を伝えていた。

入口から二階へ向かう大理石の大階段がある空間は、ひときわ絢爛豪華に飾られており、これはヴェネツィアのドゥカーレ宮殿やサンクト・ペテルブルクの美術館で有名なエルミタージュ宮殿などにも見られるように、宮殿・王宮に入って最初に通る階段において、外国からの使節や賓客に当主の富と権勢と美的資産を強く印象づけようとするものである。このことは二階に上がって二つ目の貴賓室でも感じられたことで、ひときわ煌びやかに装飾された玉座やロココ調の白い壁・美しい彫刻・吹き抜けの天井・モザイク模様の床などすべてがボッロメオ家の偉大さを物語っていた。

先に進むとナポレオンが宿泊したという部屋とか、新婚旅行中のイギリスのチャールズ皇太子とダイアナ妃も踊ったという舞踏室など、贅を凝らした装飾が目につく部屋が続き、階下の北側には十八世紀に流行したという洞窟風の部屋が続いていた。小石を埋め込んで装飾したこれらの部屋は、北側にあるため陽が入らず、当主一家は夏に涼みを求めてしばしばここで過ごしたという。またその先には各種の華麗な馬具が展示された部屋があり、ライオンを突き通す一角獣などを織り込んだタペストリーを展示した部屋も見られた。

宮殿を出ると海の景観を取り入れたバロック式庭園が素晴らしかった。椰子の木など多種多様な樹木が繁り、所々に彫像が置かれた小道をたどると疲れを忘れさせてくれた。中央は多くの彫像に飾られた階段状の小高い丘になっており、沖合を白いボートが往く眺めはまさに絶景であった。また回遊式になっている彫像と植込で飾られた十のテラスを降りた湖岸の散歩道も楽しかった。幾何学模様に刈り込まれた植木や咲き誇る花壇が続き、年月を経た樹林は木陰をつくって直射日光から守ってくれた。またここは、ナポレオンと妃ジョセフィーヌがロマンティックな出会いをしたところとしても有名である。以前ドイツを旅行した時に南ドイツのボーデン湖に浮かぶ花の島を散策した時のことを思い出したが、豊かな樹木と花が楽しませてくれたあの島もたしか個人の所有であった。この島だけでなく漁師の家が軒を連ねレストランやカフェ・土産物店などもあるペスカトーリ島（漁師の島）や、華麗な王宮と豊かな樹木がすばらしいマードレ島（母なる島）も合わせ持つボッロメオ家は、ヨーロッパにおける桁違いの富豪の存在を改めて知らせるとともに、単なる成金とは異なるその背後の長い歴史の存在を感じさせてくれた。

アルプス山麓のアオスタ渓谷からモンブラン、そして巡礼地オローバへ

【アオスタ】

アオスタ渓谷は二つの顔をもっていた。西のモンブランや北のマッターホルンと南のグラン・パラディーゾなど、四千メートル級のアルプスの山々に囲まれたこの渓谷は、美しい眺望と緑豊かな清流が避暑地として古くから多くの人々を魅了し、近代になるとスキーやトレッキング・登山など

の基地としても広く知られるようになった。

一方フランスやスイスと国境を接するこの地は、大サン・ベルナール峠を越えてスイスに行く道と小サン・ベルナール峠を越えてフランスへ向かう道の分岐点にあたり、古くから交通の要所として栄えた。有名な古代ローマのカエサルはここを通って任地ガリア（今日のフランス）との間を往き来し、その養子で初代皇帝アウグストゥスはアオスタの町を開いてアルプス以北のケルト人やゲルマン人に備える拠点とした。また近くは、パリのルーヴル美術館に展示されている古典主義の巨匠ダヴィッドによる「サン・ベルナール峠を越えるボナパルト」で知られるように、ナポレオンもここを通ってイタリアへ進軍した。

岩と樹木に覆われた急な山を両側に眺めながら谷間のなだらかな道を進むと、やがて山間遥かに白雪の峰が一瞬顔をのぞかせるようになり、やがてめざす古都アオスタに到着。

アルプスのローマとも呼ばれるこの町は先に記したように古代ローマ皇帝アウグストゥスが開いた町で、ここに移り住んだ三千人の兵士によって建設された。古代ローマにおいて軍団は軍制の単位であるとともに土木建築工事の大専門集団でもあり、新たな占領地では神殿・道路・水道・劇場・闘技場・集会場・城壁などからなる拠点を自分たちの手で建設し、定年退職後は新たな植民市を自分たちで建設し集団で定住した。

町の東側にあるアウグストゥス皇帝に捧げられた凱旋門は、円頭アーチの両側をコリント式の柱で飾られてほぼ完全な姿を保っていた。なおそこにかかる十字架はレプリカで、十六世紀のオリジナルの遺品は、町の西部にある大聖堂の宝物館で見ることができる。

そこから西に向かう石畳の通りを進んで間もなくの道を右側に入ると、十世紀の創建というサン・トルソ教会がひっそりと建っていた。その前に立つ巨木がつくる日陰に入って眺めると、ゴシック様式のファサードは、入口両側の柱が上に鋭角に伸びて合わさる珍しい構造を見せており、十四世紀に改修された時のものという。また入口左手にあるロマネスク様式の四角の鐘楼は、十二世紀初頭にローマ時代の建物を解体して運んだ石材で建てたものといい、教会の最初の入口はこの塔の一階部分にあったという。

入口上部に天国への鍵を持つペテロの像を眺めながら入ると、中は三廊式で、右手にある説教壇の先には十五世紀の改修時のフレスコが残っていた。なお現在の天井は、この時の改修にあたって従来の天井の下に新たに張られたもので、それまでの天井に描かれていた聖ヤコブの処刑場への連行の場面やキリストの奇跡の場面を描いたフレスコ画は、現在屋根裏にそのまま保存されているという。今回の旅で楽しみのひとつにしていたが、残念ながら改修工事のため登ることがかなわなかった。

十一世紀造営の地下礼拝堂に降りると、近くにあったローマ建築の石材を使ったため形が異なる柱が目につき、中世美術の遺産とともに、司教杖を持って棺の上に立つこの教会の司教であったアイルランド人・聖ウトウスの像が眺められた。中世初期、修道院運動が活発化する以前の西ヨーロッパでは、多くのアイルランド人修道士がヨーロッパ全土で布教活動に従事して大きな成果を残しており、聖ウトウスもその一人と思われる。また奥中央にバロック様式の大祭壇があり、上方に聖ウトウスのフレスコ画が、両側にパイプオルガンが、そして手前にローマ時代のものというモザイク画が公開されていた。そして左右の木製の聖歌隊席には、猪と睨み合う猟師など楽しい寄せ木細工が眺められた。

教会に隣接する修道院の回廊はすばらしく、屋根裏のフレスコ画に代わって期待を満たしてくれた。柱の間のアーチと石天井（ヴォールト）は大規模な改修が加えられた十五世紀のものというが、十二世紀の建立当時のままという柱頭（柱の先端部分）には多様な彫刻が施されており、聖ウトウスの生涯やキリストの誕生・三賢王の礼拝・エジプトへの逃避行などの場面とともに象やラクダなどヨーロッパにいない動物も見られた。素朴で簡素で親しみやすいこれらの彫像は、ロマネスク彫刻の傑作とされている。

また回廊に囲まれた中庭には緑の芝生が敷き詰められ、その中央に八角形の井戸が見られた。そして回廊からの周囲の山々や鐘楼の眺めが特に美しいとされ、教会内部では撮影禁止であったが、この時だけは守衛がニコニコしながら姿を隠してくれた。

元の道に戻るとすぐ先が巨大な角石で築かれた紀元前一世紀の古代ローマの遺産プレトリア門で、二重になっている門の間の部分は武器庫として使われた。かつてはここが町の東の門で、今日その下を通る石畳の道路は歩行者天国の繁華街であった。

プレトリア門から右折して進むと糸杉が散見されるローマ劇場跡で、入口であったという石組みのアーチや半円形の舞台と観客席などが発掘されたままに公開されており、三千人を収容したという観客席の外壁の一部は修復中で高い足場が組まれていた。またここからすぐのところにローマ時代の見張りの塔であったという石造りの四角の塔が眺められ、その後方遥かにスイスとの国境をなす白雪のコンベン山が眺められた。

劇場跡を西側に出ると、広場に面して市庁舎が建っていた。一階が開放アーチ・二階は列柱で飾られており、標識はフランス語であった。このアオスタ渓谷や古都トリノを含むピエモンテ州など

アオスタ／街の中心にあるプレトリア門

北西イタリアは、アルプスを挟んで国境を接するフランスと古代ローマ時代から盛んに交流があり、中世以降はしばしばフランスの支配下に置かれた。それ故今なおフランス語が使われ、フランス文化の影響が随所に見られるという。

これらの他にもアオスタの町には、ローマ時代の出土品を展示した考古学博物館とか、外壁から屋上にかけ彫像で飾られたファサードや堂内のステンドグラスなどが美しい十五世紀の大聖堂とその付属宝物館などもあり、またアルプスの山々と深い渓谷がつくる景観が素晴らしく、古くからの風情を感じさせる石畳の狭い通りは楽しい散策をさせてくれた。

両側の店にはここの名産として有名なフォンティーナ・チーズとか地酒のグラッパが並び、山岳地帯の保存食としての伝統

をもつ鱒の燻製やサラミも目についた。また六世紀にここで生まれた町の守護聖人トルソが刻んで貧しい人々に配ったという木彫りの工芸品もしばしば目についた。特に飲み口がいくつもあるコッパ・デラ・ミチツィアと呼ばれる平べったい急須型の木器は珍しく、これにグラッパとコーヒーと果汁を混ぜたものを入れ、回し飲みすることで友情を確かめあう習慣が今なお残っているという。

一方その間の狭い通りでは開放的な服装が目につく多くの人々が、通りにはみ出したバールのテーブルで談笑し、肩を触れ合わせながら行き来し、歩行者天国になっているプレトリア門の前では自転車をこぎながらのライブに幾重もの人の輪ができていた。

【岩と氷河の名峰モンブランへ】

翌日は標高五千メートル弱のヨーロッパ最高峰モンブラン観光。いくつもの長いトンネルを通って高度をかせぐと、白雪と黒い岩のモンブランがしだいに顔を見せる回数を増やし、眼下の雄大なアオスタ渓谷とともに素晴らしい眺めを楽しませてくれた。

ロープウェイの乗り場があるラ・パルード（フランス読みでラ・パリュー。なおモンブランは「白い山」を意味するフランス語で、イタリアではモンテ・ビアンコと呼ぶ）に到着すると、荒々しい岸壁と白雪の山容が眼前に迫ってアルプスはいよいよ身近に感じられるようになり、広場で人々は夢中でシャッターを押していた。なおここには大駐車場とホテルやレストラン・各種のショップなどがあったが、途中で車窓から眺めた登山基地の町クールマユールとともに、看板などの宣伝物を最小限にして環境への配慮に努めていた。

標高四千メートル弱の最上部展望台エギーユ・デュ・ミディまではロープウェイを三回乗り換えるようになっており、登るにしたがって谷を流れ落ちる大氷河や雪原・黒い岩肌・切り立った頂が次々に視界に入ってきた。そして眼下に雪原の踏み跡を進むいくつものパーティーが黒い蟻のように眺められ、鞍部のなだらかな雪原でスキーを楽しむ人々や、ゴンドラから手が届きそうな目の前の垂直の岸壁をザイルに身を託して登る二人組の姿も眺められた。やがて眼下遥かの氷河末端にフランス側の登山基地シャモニーの町が時おり視界に入るようになり、どのような餌があるのか黒い鳥が飛び交う姿も眺められた。

幸いにも好天に恵まれエギーユ・デュ・ミディの展望台から眺めるアルプスの峰々は、正面のグランドジョラスをはじめモンテロー

モンブラン

ザとかアイガーなどよく知られた名峰がくっきりと姿を見せ、期待に違わなかった。それは、まだ海外旅行など夢のまた夢であった頃に、わずかな小遣いを貯めては日本の北アルプスや南アルプスで登山に熱中していた若き日以来の夢であり、十数年前にようやく実現したアルプス行きがユングフラウヨッホで猛烈な嵐にあい無念の下山をして以来の念願を果すことができた。ただ想定外であったのは高山病の兆候で、わずかな階段を登るにも息苦しさに悩まされる情けなさであった。

シャモニーの町からモンブラン遠望

下山したフランス側の町シャモニーは、四千メートル級の山に囲まれた谷間にあり、まさに山岳リゾートの町であった。洒落た建物が並ぶ通りではピッケルに登山靴といった姿を見かけ、登山用品やスキーを並べた店が少なくなく、土産物屋では高山植物をアレンジしたペンダントなどが並べられていた。またレストランやカフェのテラスには、よく晴れた岩と氷の山々を見上げながら食事をとる老夫婦やグラスを傾ける観光者たちが見られ、いくつものホテルも目についた。先に訪れた湖水地帯でも感じたことであるが、いつの日にか一ヶ所に何日か滞在して特に予定もなくゆったりと過ごす旅をしてみたいと思った。

そして昔であれば危険な氷河の道を何日も登り下りしたアルプス越えを、山腹を打ち抜いた長いトンネルを通り抜けることで三十分でイタリア側のクールマユールに戻った。

なおフランス側イタリア側とも、山岳氷河が溶けだし山頂に向かって後退しているという。その結果、それまで重い氷に閉ざされていた谷間の土砂や砕かれた岩石が、急勾配の谷や山腹を流れ落ちる水によって大量に押し出されており、各地の谷間で大規模な砂防工事が進められていた。地球温暖化の影響が言われるようになって久しいが、このような形の被害を知ったのは初めてであった。

【聖なる山ノストラ・シニョーラ・ディ・オローバ】

次に向かったのは、北イタリアの巡礼地として十五世紀末から多くの人が訪れたピエモンテ州とロンバルディア州にまたがるいくつものサクロ・モンテ（聖なる山）のひとつであるノストラ・シニョーラ・ディ・オローバ。両州にあるサクロ・モンテは近年一括して世界遺産に登録された。

サクロ・モンテの起源は十五世紀末のフランチェスコ会修道士フラ・ベルナルディーノ・カイミにある。聖地エルサレムに巡礼した彼は、故郷ロンバルディアにエルサレムに相当する聖地があれば、遠くしかも危険なここまで来なくとも神の恩寵が得られると考え、エルサレムそっくりの地形をもつ土地をマジョーレ湖北西にあるスイスとの国境に近いヴァラッロの山中に見つけた。

そしてここに新しい「エルサレム」・すなわち聖なる山の建設を開始して、キリストの生涯を再現した礼拝堂を次々に建て、十六世紀に入ると画家・彫刻家であるデンツィオ・フェッラーリ一門が参加して等身大のリアルな彫刻や天井画・壁画が備わるようになり、巡礼者が急増した。この巡礼によって人々の信仰心が深まるのをみたローマ教会は、同様の聖なる山の建設を各地で奨励し、やがてヴァラッロの施設を模範にしたサクロ・モンテは、イタリア各地からフランス・スペインにまで広がった。

今回訪れたオローバの聖なる山は、山道を標高一二〇〇メートルまで登った垂直の岩壁の下にあった。鉄格子の門から入るとそこは広い中庭になっており、左右を巡礼者が宿泊する白い二階建の建物が囲んでいた。ここで最も重要な施設は、正面の階段の上に見える大ドームを乗せたバロック様式の壮麗な殿堂ではなく、信仰の対象である黒いマリアが安置されている右手の小さな教会であった。

薄暗い堂内を進むと奥に八世紀のものという色大理石の小堂があり、そこに黒いマリアの立像と授乳中の聖母子などのフレスコ画が見られた。元々この教会はこの小堂を中心とした小さな聖堂であったらしく、これを覆う外側の建物は十八世紀に建てられたという。また内陣最奥には黄金の台に十字架が立つ主祭壇があり、右側廊奥に最後の晩餐のフレスコ画が、左側廊奥に印象的なロマネスクの木彫がそれぞれ見られた。

なお中庭左側の建物の回廊から入ったところに、薄暗くてよく見えなかった聖堂内の古いフレスコ画のレプリカなどを展示した部屋があった。受胎告知や東方三博士の礼拝・聖母とマクダラのマリア・授乳中の聖母子などの絵が眺められたが、しばらく足を止めさせたのは次の部屋右奥の角に展示されていた黒いマリアの模造品である。この像は四世紀にこの一帯にキリスト教を広めた司教が聖地エルサレムから持ち帰ったという言い伝えがあり、ここオローバの「聖なる山」を訪れた巡礼者たちはこの聖母子像を中心に祈りを捧げてきたという。しかし一目見てそれが単なる伝説に過ぎないことが見てとれた。
ユダヤ教から別れて間がない原始キリスト教ではモーゼの十戒にある偶像崇拝の禁止がまだ守られており、四世紀というとモザイクやフレスコの技法によってようやくキリストやマリアなどが絵として表現され信仰されるようになった時期で、黒いマリアのような丸彫りの聖像は造られなかった。また黒いマリア像は写実的技法に裏付けられた作品で、このような表現は十二世紀からのゴシック様式後期以降のものである。
展示室を後にして正面の階段を登り、列柱や紋章に飾られた十八世紀のものという華麗なバロック様式の王の門をくぐってさらに長い階段を登ると、最も新しい十九世紀の建築というドームを乗せた大殿堂の前に出た。ところが強い日差しと高温で汗だくになりながら青息吐息で到着したそこは閉め切られており、気を取り直して中庭に戻ると、昼食の場所は今降りてきた大殿堂の裏にあるとのこと。しかし体力を使い果し不平を口にする気力もない状態で恨めしい階段を再び登ってレストランで倒れこむように座ると、それを想定していたかのように会社差し入れの上質なワインが運ばれ、お代わりもどうぞとのこと。一行は途端に元気を取り戻し、グラスを掲げて労をねぎらいあった。

【ワイナリーでの試飲】

この日最後に足を運んだのはワイナリー（ワイン醸造所）見学で、途中の緩やかな丘陵地は一面のブドウ畑であった。二月に肥料をやり、三～四月に芽ぶき、八月下旬から収穫で、一般のワイン用のブドウの多くは機械による収穫という。

ワイナリーにて

到着しためざすワイナリーは山道を登った丘陵の中腹にあり、二つの丘陵にまたがる二五〇ヘクタールの畑を持つ四百年来のブドウ農家であったという主人がここにワイナリーを開いたのは数年前のことという。旧式新式の圧搾機や巨大な樽を前に一通り醸造過程の説明を受けた後、見晴らしのよい屋根つきの展望台とも言うべき一角で自家産ワインのテイスティング（試飲）に入った。初めやや酸味の強い赤ワインが出され、次いでフルーティーな風味の白ワインが提供された。同行の旅人の中にはワイン好きの方があり、この白ワインが気に入ったのか何回もお代わりをしていた。

ワイン通でなくとも日差しを浴びながら長い坂道を登ってきた身に冷たいワインは美味しく、最後に食後酒によいという甘口のワインを口にした頃には一同すっかり「できあがって」いたらしく、その後案内された販売所では、帰国まで重い荷物になることも念頭に浮かばないのかワイン・蜂蜜・チーズの売れ行きが上々であった。

豊かなルネサンスの遺産を伝えるミラノとバロックの街古都トリノ

【ミラノ大聖堂と王宮】

ミラノは紀元前にローマ都市として出発し、一時は西ローマ帝国の首都が置かれるなど長い歴史を刻んでおり、現在では国内二番目の大都市である。町の中心はドゥオーモ広場で、中央に立つと町のシンボルであるドゥオーモが想像を超える荘麗な姿を見せていた。屋上正面の尖塔最上部で金色に輝く聖母マリア像まで百メートル余りという巨大な殿堂は、二二四五体にのぼるという彫刻と中央にいくに従って高さを増す一三五本の尖塔に飾られていた。そして正面には五つの入り口があり、入り口を含めて三つの窓が縦に連なる三階建ての中央部を最も高くし、同じ構造の両側を一段低くし、いちばん外側入り口の上部は二階までとするなど、屋上の尖塔の高低と併せて絶妙のバランスを見せていた。

ヴェネツィアのドゥカーレ宮と並んでイタリア・ゴシックの最高傑作として知られるこの大聖堂は、十四世紀末に当時ミラノ公国の総督であったジャン・ガレアッツォ・ヴィスコンティの命によって着工され、完成までに五百年を費やした。その過程で、高さに対して横幅を広くし屋根の傾斜を緩やかにすることで優雅さを表現しようとしたこの教会の設計は、高さを強調し鋭角の建築が一般的であったフランスなどアルプス以北の建築家からはきわめて不評で、重力に耐えられずに遠からず崩壊するであろうと非難されたという。しかしこのような「ゴシックの本場」からの声にもかかわらず、古代ローマ時代以来の建築や科学の伝統に裏付けされたこの国の設計者たちは、ゴシックという新来の様式を取り入れながらも貴婦人と讃えられる独自の美しい建築を造り出した。

近づくと、ナポレオンの命令で十九世紀初頭に完成したというファサードを飾る五つのブロンズの扉には、左から「コンスタンティヌスの勅命」「聖アンブロージョの生涯」「聖母マリアの生涯」「ミラノの歴史」「ドゥオーモの歴史」の浮き彫りが見られた。広い堂内は五廊式で、ゴシック特有の林立する柱と高い尖頭アーチの石天井・花柄の装飾床が荘厳な雰囲気をかもしだしており、奥に進むと十本の柱と聖歌隊席に囲まれた主祭壇が見られた。そして後陣奥には巨大なステンドグラスが見る人のため息を誘っていた。左が旧約聖書・右が新約聖書・中央が黙示録をテーマにしており、十五～六世紀のルネサンス期を中心に十四世紀から十九世紀までを費やして完成したという。また正面奥から降りると地下室で、四世紀に教皇から聖アンブロージョに送られた銀製の聖具や美しい宝石など数々の秘宝が展示されており、ペッレグリーニ作の壮麗な地下礼拝堂も見られた。

堂内を後にして正面入り口から右側を側壁に沿って進むと、屋上へのエレベーター乗り場入り口がある。屋上に上がると、ぞれぞれが聖像を乗せて林立する小尖塔や建物全体を飾る多種多様な彫刻が目の前に眺められ、また三本の環状線の両側に広がる美しい市街地から、はるかロンバルディアの大平原やその先のアルプスの峰々までが眺められた。

大聖堂に向かって右に建つ三階建ての建物が旧王宮で、この町に君臨したヴィスコンティ家が建てた十四世紀の邸宅を十八世紀末にこの一帯を支配下においたスペインやオーストリアの総督がネオクラシック様式に改修して官邸にしたものである。現在は一階が博物館として使われており、二十一室に分けてドゥオーモの設計図をはじめ絵画・彫刻・工芸品などを展示し、五百年にわたるド

イタリアゴシックの最高傑作　壮麗なミラノのドゥオーモ

ゥオーモの歴史を紹介していた。特に印象に残ったのは十四世紀末のベルナルド・ダ・ヴェネチアによる素朴な粗衣姿のマリアが右手で幼子を抱いて座す多色木造彫刻「聖母子像」や、十五世紀末のアメデオによるジャン・ガレオッツォ・ヴィスコンティとガレアッツォ・スフォルツァの像で、ミラノ公国の繁栄をもたらした人物を讃えたものである。

【ガレリア・エマヌエレ二世とスカラ座・ペッツォーリ美術館】

一方、広場からドゥオーモに向かって左側に目を転ずると美しい凱旋門風の二階建の建物が眺められる。ミラノのシンボルのひとつに数えられる有名なガレリア・ヴィットリア・エマヌエレ二世の入り口で、十九世紀後半にドゥオーモ広場とスカラ広場を結ぶ遊歩道として計画されたものである。完成式典に国王が臨席したところからその名があるガレリア（アーケード）は、両広場を結ぶ長軸が約二百メートル・左右に交わる短軸が約百メートルのラテン十字で、八角形の中央交差部には高さ三十二メートルのドームを乗せていた。また天井のガラスを通して光が入る明るい通りの両側はバロックやロココ風の洗練された建築が続いており、壁面はフレスコ画が・舗道には見事なモザイク画が見られる。そして両側にはカフェ・レストラン・書店・ブティックなどが並び、十九世紀末の完成以来変ることなく多くの市民や観光客で賑わってきたミラノの名所。スリに気をつければ楽しい散策ができるところである。

アーケードを抜けたところが世界的に有名なオペラ劇場があるスカラ座広場で、中央にレオナルド・ダ・ヴィンチと四人の弟子の像が建っていた。三階建のスカラ座は広場左手にあり、一階正面は三つのアーチをもつ柱廊で、二階は二本組のコリント式の柱の間に三角形のティンパヌム（屋根状の装飾）をつけた窓が並び、三階は装飾切り妻壁に支えられた「夜に追われるアポロの馬車」の浮き彫りが目を引き、ネオ・クラシック様式の洗練された姿を見せていた。大戦直後、戦禍から忠実に復元されたものである。

なお劇場の正面左側にスカラ座博物館の入り口がある。二階に上がると大シャンデリアが目につくロビーで、博物館には公演に使われた古い楽器や著名人の所有であった楽譜、衣裳、マスク、劇場の歴史を知らせる資料、「ジュゼッペ・ヴェルディ」とその妻でソプラノ歌手「ジュゼッピーナ・ストレッポーニ・ヴェルディ」やソプラノ歌手「アデリーナ・パッティ」の肖像画などが展示されており、四千人を収容するという六階からなる格調高い劇場内部ものぞくことができた。また広場を隔てた劇場正面には、十六世紀建築の傑作と言われる端正なマリーノ宮が眺められ、現在は市庁舎として使われている。十六世紀の銀行家トマーゾ・マリーノが建築依頼者であるところからその名が付けられたという。

広場から劇場前のマンゾーニ通りを右手に少し進むと、右側に美術館入り口の標識が見えてくる。ここはこの町の貴族ジャン・ジャコモ・ポルディ・ペッツォーリの邸宅に、吟味された家具とともに彼が収集した十四〜十九世紀の絵画や武具・図書などを展示し公開したもので、かつての上流階級の優雅な生活をよく伝えていた。

入館すると正面受け付けの後方が「フレスコ画の間」で、一角獣などを織り込んだ十五世紀の巨大な祭壇用のタペストリーが印象に残り、受け付け左側の武具室も興味深いものだった。次いで右側に向かい、バロック様式のブロンズの天使に飾られた噴水の側から赤絨毯を踏んで瀟洒な階段を昇ると絵画を主とした二階の展示室である。

圧巻は「黄金の間」で、端正な美しい婦人の上半身を真横から描いたポッライオーロの「若い貴婦人の肖像」や、ボッティチェリによる母の顔を見上げる幼子を左手で抱いた若々しい「聖母子像」と聖母に人生の苦難を込めた「キリスト降架」の二作・前で腕を組んだベッリーニの「ピエタ」・庶民的に描かれたマンテーニャの「聖母子」などが印象に残った。また「時計の間」では日時計や置時計など大小様々の時計が見られ、「黒の間」ではバルトリーニの裸像彫刻「神への信頼」が、二階奥の二部屋ではティエポロの「聖母被昇天」やフィリッポ・リッピの「ピエタ」が、そして「ダンテの間」では「神曲」の場面を描いたフレスコ画や美しいステンドグラスが印象に残った。

美術館を後にしてマンゾーニ通りをそのまま進むと間もなくメトロの乗り場がある十字路で、右手がファッションの町ミラノを代表する高級ブテック街モンテ・ナポレオーネ通り。ウィンドウショッピングをすませてスカラ広場に戻り、正面から見て劇場右側に沿って入る道を進むと、ほどなく右手にイタリア有数のブレラ美術館が見えてくる。


【ブレラ美術館】


正面玄関から入ると中庭中央にカノーヴァ作という、右手に大理石の勝利の女神像を持った堂々たるナポレオンのブロンズ像が眺められ、周囲を一階ドーリア式・二階イオニア式の列柱からなる軽快な回廊が囲んでいた。ここには、夏は日陰を求め・冬は日差しを求めて腰を下ろしている人の姿が眺められる。なお一階は美術学校になっており、美術館は大理石の大階段を上った二階にあり、ルネサンス期のロンバルディア派とベネツィア派の作品を主体に時代別・流派別に分けられ展示されていた。

時間の関係もあり例によって事前に予定した作品を重点的に回ったが、入ってすぐの廊下左右に展示された古いフレスコ画が目をひき、左側最初の小部屋で眺めたモッキローロの礼拝堂から移したという正面壁面の、磔刑のキリストとそれを悲しむマリアなどを描いたジョットの作品を思わせる作風のフレスコ画がすばらしかった。

第六室からが本格的展示で、ジョバンニ・ベリーニの「ピエタ」「聖母子」とともにマンテーニャの代表作「死せるキリスト」が見られた。画面縦に横たわるキリストを釘の跡も生々しい足の方から顔に向かって横長の画面いっぱいに描いた独創的な構図で、遠近法に長じた彼ならではの短縮法による野心作であった。上半身裸の堂々たる肉体で横たわるキリストの横には、悲しみの涙を拭いながら見つめる聖母マリアとヨハネの姿が描かれていた。第八室では、港で大勢の人々を前に説教する場面を描いたジョヴァンニとジェンテーレ・ベリーニによる大作「アレキサンドリアにおける聖マルコの説教」が目をひいた。

第九室では、聖マルコの遺体移送にかかわる伝説をテーマにしたティントレットの「聖マルコの遺体の発見」がすばらしかった。ヴェネツィア商人たちがアレクサンドリアの暗い墓所のなかで聖マルコの遺体を捜し当てそれを盗み出すためまさに引き降ろそうとした時、生ける聖マルコが左側に忽然と姿を現わした瞬間を描いた作品で、地上からの光を一部の人物と天井のアーチや石棺に当てることで、明と暗を対比させながら驚愕の一瞬を不気味な雰囲気のなかに描きだしていた。この部屋ではまた、食事に招かれたキリストの足に香油を塗るマグダラのマリアを描いたヴェロネーゼによる「パリサイ信者の家の晩餐」もすばらしく、この両者の作品が何点も展示されていた。

その後、第十四室でいくつかの聖母被昇天をテーマにした作品を、第十五室でホッパによる「聖母子」を、そして第二十二室でベンベヌートの「磔刑のキリスト」を眺めた後、第二十四室でこの美術館を代表する作品であるラファエロの「聖母マリアの結婚」が目に入った。中央に立つ黒い聖衣姿の司祭と、その前で左右から手を差し伸べあっているマリアとヨセフ・そしてそれを囲む人々。

すべての視線が今まさに触れ合おうとする新郎新婦の指先に集まっており、そこから石段を上がった小高い丘の上に黒いドームを乗せた多角形の小さな建物が建っている。初々しいマリア・人々の自然な身のこなし・深みを感じさせる色彩・建物の背後に広がる空と遥かな山並み。作者初期の美しい作品であった。

次いでピエロ・デラ・フランチェスカの「聖母子と聖者たち」も印象に残った。ルネサンス風の端正な装飾の部屋の中央に、椅子に座して膝に幼子を乗せ両手を合わせて祈るマリアを置き、その左右に聖俗十人ほどの人物を立たせ、画面右手前にこの絵をウルビーノのサン・ベルナルディーノ聖堂に寄進した鎧姿のウルビーノ公爵フェデリゴ・ダ・モンテフェルトロを跪かせている。動きに欠け表情に硬さが見られるものの、濃い色彩の衣裳と赤い玉座によって中央のマリアをひときわ目立たせている美しい作品であった。

この部屋にはブラマンテの「柱に縛られたキリスト」も見られたが、ルネサンス期最大の建築家として記憶にあり、彼の絵画は初めて目にした。また中央に聖母子をおいたピエロ・デッラ・フランチェスカの「モンテフェルトロの祭壇画」も印象に残った。

予定していた幾つかの作品を目にすることができたので、時間の関係もあり足早に展示室を進んでいると、第二十九室で無頼のバロック画家カラヴァッジョの「エマオの晩餐」が目に止まった。聖書にある、復活したキリストが二人の弟子と旅をする途中の出来事をテーマにしており、背景を暗黒にして五人の人物にのみ光を当てることで、パンとブドウ酒だけの質素な食卓の模様を彼一流の光と闇の世界のなかに表現していた。また第三十一室には十七世紀のバロック絵画の巨匠ルーベンスの「最後の晩餐」などフランドル絵画も展示されており、バロック時代に沈滞していたヴェネツィア絵画界に十八世紀に入って登場したロココ絵画の天才ティポロが、美しい女体となって誘惑する悪魔とたたかいながら砂漠で修業したという聖職者を官能的に描いた「聖アントニオの誘惑」が目にとまった。

以上のようにこの美術館はイタリア・ルネサンスとバロック期の作品、とりわけヴェネツィア派の傑作を多く展示しており、華麗な色彩と世俗的な筆致が作品を堪能させてくれた。ミラノでは必見の観光スポットである。

【スフォルツェスコ城】

美術館を後にしてブレラ通りをそのまま進み、すぐの十字路を左折してポンタッチオ通りをしばらく進むと、やがて高い塔が目印のスフォルツェスコ城である。市内最大のルネサンス建造物で、十四世紀にミラノ公国の総督ヴィスコンティ家が居城として建築に着手し、次の総督スフォルツァ家が十五世紀半ばに完成したもので、設計にあたっては当時公国に招かれていたレオナルド・ダ・ヴィンチも参加したという。

盛んに吹き上げる噴水越しに眺める正面入り口の時計塔は、ルネサンス様式特有の軽快な美しい姿を見せており、そこから左右に一辺二百メートルの高い城壁が回され、四隅に円筒形の見張り櫓が美感を添えていた。城内に入ると、広い二つの中庭をゴシック様式の煉瓦造りの城壁が囲んでおり、二階建の内部はいくつもの博物館・美術館になっていた。

なお帝政ローマ末期の四世紀末にミラノ司教アンブロージョ（アンブロシウス）の活躍でキリスト教の中心地になったミラノは、十一世紀に自治権を獲得して繁栄の道を歩みはじめた。そして十四～五世紀のヴィスコンティ家と次のスフォルツァ家はミラノ公国をイタリア五大国家のひとつに発展させる一方、ドゥオーモの建築に着手したジャン・ガレアッツォ・ヴィスコンティや、レオナルドなど多くの文化人・芸術家を招いて支援したイル・モーロなどに見られるように、強大な政治力と豊かな経済力を背景に都市計画を進め文化・芸術の振興に力を注いだ。金色に輝くドゥオーモやレオナルドの「最後の晩餐」に代表される芸術都市ミラノの最盛期はその結果である。

広い館内のうち地下は考古学博物館になっており、石棺や石像・象牙細工など古代エジプト関係の遺品が見られた。一階は美術館で彫刻を主としており、聖母像など初期キリスト教期・共和制ローマ期・帝政ローマ期の彫刻がすばらしく、ヴィスコンティ家やスカラ家王妃などの墓碑・この城の裏に広がるセンピオーネ公園北端に建つ平和の門を飾っていた浮き彫り・巨大なゴブラン織などの作品も展示されており、レオナルドの部屋・総督の礼拝堂・剣や短銃などを展示した武器コレクションなどが続いていた。

二階に上ると楽器博物館があり、蓋に聖人が描かれた二人弾きのピアノや珍しいハープから日本の木魚や三味線に至るまで多様な古い楽器が種類別・時代別に展示されており、ほとんどが初めて目にする楽器だけに興味深かった。

最後に絵画館に進むと、過去幾多の画家によって取り上げられてきたテーマであるローマの兵士によって矢を射かけられ殉教する場面を描いたフォッパの「聖セバステアヌスの殉教」と、同人による若々しく敬虔な「聖母子像」・田園で農作業にいそしむ一家を叙情的に描いたバッサーノの「春」・マンテーニャの「聖母と聖人たち」・ベリーニの「聖母子」をはじめ、ティントレット・コレッジョ・ティエポロなどの作品が眺められ、絵画好きの観光者を楽しませるコーナーであった。

絵画館を後にして一階の出口に向かうところに、この美術館の至宝であるミケランジェロの「ロンダニーニのピエタ」が立っていた。老衰からほとんど視力を失った彼が死の直前までノミを当て続けていたという未完の作品で、絶望と諦観すら感じられる老いた聖母子の姿は、ローマのサン・ピエトロ大聖堂に見られる清冽で若々しいピエタ像とあまりにも異なることに驚かされる。

魂の自由と共和政を強く指向して大作「ダヴィデ」(フィレンツェのアカデミア美術館所蔵)を制作したミケランジェロは、共和派の一員として参加した専制者メディチ家との戦いに敗れた後、少年時代から自分を庇護し育ててくれた恩義もあるそのメディチ家の要請で制作を続けるなか、自分だけ生き残っていいのかと自問するなかで作風が大きく変わったと言われるが、この作品はそのことをよくうかがわせていた。なお彼はフィレンツェのアカデミア美術館やドゥオーモ付属博物館の作品を含めて四つのピエタ像を残しているが、完成した作品はサン・ピエトロ大聖堂展示の若き日の作品のみである。

その後城の後門から出て芝生と自然のままの樹木からなる広大なセンピオーネ公園に入り、かなたにサンジョルジョ作のブロンズ像「六頭立ての馬車に乗った勝利の女神」(オリジナルは前記博物館)を乗せた平和の門を眺めて足を休めた後、城の入り口に戻ってカステッロ広場に入った。

なお城の南西部には「最後の晩餐」の絵で有名なサンタ・マリア・デッレ・グラツィエ教会があり、その南東部にはキリスト教の発展に不朽の功績を残しミラノの守護聖人になった聖アンブロージョを祀るサンタンブロージョ教会がロマネスク様式の人の心を洗うような美しい姿を見せており、更にその南東部には四世紀の創建というサン・ロレンツォ・マジョーレ教会が創建当時の美しいモザイク画を見せてくれるが、それぞれが近い距離にあるこれらに関しては、別項「イタリア美術紀行」で紹介したのでそれに譲った。

カステッロ広場から広いダンテ通りを進み、ドゥオーモ広場に近いメルカンティ広場でひと休み。円頭アーチの回廊が連なる周囲の二階建の建物はどれも古いままで、中央に見られる四本の柱で屋根を支えた井戸は幾世代にもわたって市民の生活を支えてきたことをうかがわせ、中世の雰囲気を残す静かな広場であった。

【アンブロジアーナ絵画館】

最後に予定していたのはアンブロジアーナ絵画館。友人と待ち合わせたドゥオーモ広場にいったん戻り、エマヌエレ二世ガレリアと対角線の角から広場を出て右側に向かう電車通りを進み、左側二本目の通りを突き当たると美術館であった。

チケット売場で案内のパンフをいただき、お目当ての作品の展示室を確認して出発。先ず二階の展示室に向かう階段は、登り口の泉水やヘレニズム彫刻の傑作「ラオコーン」とかローマのサン・ピエトロ大聖堂にあるミケランジェロの「ピエタ」像のコピーなど多くの彫像が目につき、例によって空間全体がバロックスタイルで華麗に装飾されていた。

最初の第一室ではレオナルド・ダ・ヴィンチの「薬師の肖像」が目にとまった。暗い背景のなかに赤い帽子と黒い服・オレンジ色のベストという男性の上半身を描いた作品である。次いでボッティチェリの「天蓋の聖母」は、二人の天使が左右に開いた天蓋の下に聖母マリアと天使に支えられた幼子を描いた美しい円画で、窓の外には緑の丘が広がっていた。またギルランダイオの円絵「キリストの誕生」も印象に残った。

第四室にはティツィアーノの「聖母子像」が見られ、圧巻は右側に一段登った第五室の「アテネの学堂」。ラファエロがヴァティカンのラファエロの間に描いた同名の大作の下絵で、光線による劣化を防ぐためか薄暗い室内に展示されていた。第六室にはこの美術館を代表する作品というカラヴァッジョの静物画「果物篭」が見られ、第十四室の「ラオコーン」をはじめ、中庭や二階のテラスなどには多くの彫刻も見られた。ここにはこの他にも、ブラマンテとティツィアーノによる同名の「三賢王の礼拝」など、ロンバルディア派とヴェネツィア派の作品を中心に十五・六世紀の多くの作品が展示されていた。

【トリノの繁華街と華麗なバロックの広場】

次いで足を伸ばしたトリノの町はアルプスの高峰がフランスやスイスとの国境をなすピエモンテ

州の州都で、先の冬季オリンピックで荒川静選手が氷上に美しく舞って世界の頂点に立つまで日本では馴染みが薄い町であった。しかしこの町は、イタリア北部を横断して流れるポー河流域の肥沃な平野とブドウの産地である広い丘陵地をひかえて古くから豊かな生産をほこり、現在はイタリアを代表する自動車フィアットの主力工場を中心とする大工業都市でもある。そしてイタリア統一の中心になったサヴォイア家の本拠地として、グエリーノ・グアリーニの手になるバロック建築による美しい都市建設が行なわれ、一八六一年にイタリア統一が実現すると王国の首都に定められた町でもある。

最初に足を運んだのはトリノの中央駅にあたるポルタ・ヌオーヴァ駅から一直線に伸びる町一番の繁華街というローマ通り。芝生と噴水が市民の憩いの場になっているカルロ・フェリチェ広場から北に向かうとほどなく「トリノの玄関」の名があるサン・カルロ広場で、ここは一階が開放式の回廊（ポルティコ様式）と店やカフェ・レストランなどになっているバロック様式の美しい建物に囲まれており、夏の強い日差しと冬の寒風を遮ってくれる回廊は市民のプロムナードとして通年賑わっているという。

広場入口にある巨大なスフィンクスの像はエジプト博物館の宣伝用で、博物館は広場に接して建つ科学アカデミア宮殿内にある。ナポレオンのエジプト遠征に同行した当地出身の将校の収集品が中心で、ラムセス二世像などの石像や絵が描かれたパピルス・往時の生活ぶりを伝える家具や装身具などの多様な収蔵品は、大英博物館につぐ充実ぶりという。なおこの宮殿にはサヴォイア家のコレクションを中心としたサバウダ美術館もあり、バロック絵画の巨匠ルーベンスなどフランドル派の名画を眺めることができる。

広場中央にはサヴォイア家のエマヌエレ・フィリベルトの騎馬像が建ち、周囲にはグエリーノの設計になる正面中央から建物が凸部と凹部の曲線をつくりながら左右にうねるバロック建築の典型カリニャーノ宮殿や国立図書館・その斜め向かいのショッピングアーケード・シュベリーナのギャラリーなどがあり、インフォーメーションの隣には美しい鐘楼を伴ったサン・カルロ教会とサンタ・クリスティーナ教会が並んでいた。

【王宮と大聖堂】

そこから進むと往時の栄華を伝える王宮や隣接するドゥオーモなどいくつもの観光施設が集中するカステッロ広場。ここも周囲をグエリーノ・グアリーニの手になるバロック様式の建物が囲む美しい広場で、日差しを遮ってくれるポルティコ様式の回廊は旅人にとって有り難かった。最初に訪れたのは左右に円筒形の塔がある王宮で、十九世紀半ばまでサヴォイア家の宮殿であったところ。ルネサンスやバロック・ロココなどの異なる様式が、十五世紀初頭の創建以来十八世紀に完成するまで幾度も増改築が繰り返されたことを物語っていた。入って突き当たりに勇壮な騎馬像を眺めながら大理石の階段を登ると、先のベラ島の王宮同様ここでも天井から周囲の壁にかけサヴォイア家の女性など王族を描いたフレスコ画によってひときわ華麗に装飾されていた。

それに続く各部屋も、金箔を多用した彫刻や大型の絵画・豪華な調度品やタペストリー・木造象嵌の床などによって華麗に装飾されており、先に見たベラ島の王宮など当時ヨーロッパ各国の王侯が採り入れていた神聖ローマ帝国の首都ウィーンのシェーンブルン宮殿やフランスのヴェルサイユ宮殿を模した宮殿・離宮建築がここでも見ることができた。

そしてフレスコ画のテーマをギリシャ神話に求めることや、当時の東洋趣味の影響を受けた中国製陶磁器の置物とか黒漆による装飾もそれらと共通していた。興味深く眺めたのは階段を上がって二つ目の部屋のフレスコ画で、二人の女が共に自分の子と主張して一人の子供を争う裁判の模様が描かれており、とっさに日本の「大岡裁き」が脳裏をかすめ自然に口元が弛んだ。

次いで訪れたのは王宮に隣接するルネサンス式の大殿堂である大聖堂で、階段の上に高々と築かれた大ファサードを眺めていると、ひとりのジプシーの少女が近づいてきて片手を差し出しながら人々の間を回りはじめた。彼らはひったくりや掏り・置き引きを常習にしていて各国で手を焼いているので注意して眺めていると、まだ年少ながら物怖じもせずに次々に手を突き出し、初老の現地人が小銭を乗せてやると札をよこせと財布を指差しながら叫んでいた。

頭上に最後の晩餐の場面を描いたフレスコ画を眺めながら堂内に入ると、左右の側廊にいくつもの華麗な礼拝堂が見られ、右側廊二番目のゴシック様式の礼拝堂にはバロック様式の特徴のひとつである捻れた状態の柱が後につけ加えられていた。そして奥に進むと、ドームの下にグアリーニの手になるという礼拝堂があり、主祭壇に大十字架が置かれていた。なおこの教会では貴重な聖遺物として銀の箱に納められてきた聖骸布が有名である。

トリノ／カステッロ広場・ポルティコ

それは処刑後のキリストの体を包んだと言われる布で、手足に釘を打ち込まれた痕があるキリストの姿が写っているという伝説が広く知られ、多くの巡礼者を招き寄せてきた。現在は左側廊入口近くの壁にそのレプリカが展示されており、私の目にもそこに男性の顔や釘の痕などがかすかに見て取れた。ただし最近の科学的調査により、布は十三世紀のものと確認されてキリストとの関係は否定されたという。

広場に面してひときわ目につくのがバロック様式のマダーマ宮殿。王室の未亡人が住んだところからマダーマ（夫人）宮殿と呼ばれるこの建物は、屋上の多くの彫像や二階中央のコリント式の柱などによって美しく飾られており、一階は美術館として使われていた。

その後、荒川選手が演技したというスケートリンクのある体育館を眺めながらトリノを後にし、臨海リゾート地として脚光を浴びてきた東リヴィエラ海岸をめざして南下した。

海洋都市国家ジェノヴァから中世の面影を残すチンクエテッレを経て斜塔の町ピサへ

【ジェノヴァ】

ジェノヴァのホテルで朝の目覚めとともに天気が気になりカーテンを開けると、日の出にはまだ間がありそうな港に燈火を浴びた豪華客船の白い船体が浮かび上がり、海岸の旧市街から丘の上に広がる新市街にかけては無数の灯りが眺められた。古代ローマの軍事拠点として出発し、三世紀にはキリスト教が普及して司教座が置かれるなど古い歴史をもつジェノヴァは、十二世紀から十字軍支援の船団を派遣したのを契機に地中海に進出し、海洋都市国家としての基礎を築いた。そしてその伝統と後背地にトリノやミラノといった商工業地域を控えていることもあり、今日イタリア最大の貿易港として繁栄している。

この日の観光は町の西北部の玄関口であるプリンチペ駅前広場からで、広場に面して多くの彫像に飾られた台座に剣を片手に立つコロンブスの像が眺められた。この町出身の船乗りであった彼は、スペイン王の援助で大業を成し遂げた。広場から港側に進むとすぐのところに、尖塔が目印のサン・ジョヴァンニ・ディ・プレ教会が目に入った。十二世紀創建のロマネスク建築で、十字軍支援のため出航した兵士・乗組員がここで航海安全のミサを受けて以来、この教会は今日まで船乗りの教会として変わらぬ信仰を集めてきたという。

【王宮からガリバルディ通りへ】

広場に戻って駅と反対方向のバルビ通りを進むと、長い歴史を感じさせる建物が両側に眺められ、やがて右手に華麗な王宮が見えてきた。スペイン王と結んで巨富を蓄えた有力貴族バルビ家が十七世紀に自家の王宮として建てたもので、十九世紀に統一イタリアの王となったサヴォイア家の所有を経て今日一般公開されるようになった。館内では先ず華麗な階段の間が目を奪う。白と黒の大理石をふんだんに使い白い壁に金色の装飾を施したバロックの殿堂で、訪れた王侯貴族や使節が先ず通る階段において来訪者に富と権勢を誇示する効果をねらったもの。ヴェネツィアのドゥカーレ宮殿や先に訪れたマジョーレ湖に浮かぶベラ島の宮殿など各地の宮殿でも見られる建築様式である。

二階からが博物館・美術館で、大理石や寄木の床、華麗な絵画や彫刻、植物などをあしらった金線などで装飾された周囲の壁面、豪華に縁取りされた巨大な天井フレスコ画などが続き、当時流行した中華趣味を取り入れて壁に絹布を貼った部屋も見られた。そして多くの部屋には豪奢な家具や調度品が置かれていた。

興味深く眺めたのはギリシャ神話にテーマを求めた作品で、ヴェルサイユ宮殿を模した鏡の間には、天界と地上界を支配するゼウスや海・川など水界を支配するポセイドンとともに宇宙を三分して冥界（地下界）を支配するハデスが穀物の女神デメテルの娘ペルセポネを見初め、火の車を駆って宇宙を回っている太陽神ヘリオスが見下ろすなか、これを花園に誘い出して強引に冥界に連行する「ペルセポネの誘拐」の彫刻が置かれ、寝室に続く部屋から通路にかけては、ヘラクレスが冥界の番犬ケルベロスを捕らえる場面など彼の十二の難行と、智慧と戦いの女神アテナが難行を成就した彼を祝福する場面などを描いたフレスコ画が見られ、タペストリーの間では日々を狩りで過ごす純潔の女神アルテミスと音楽や医薬・神託などの神アポロンの姉弟の絵が部屋の左右に相対していた。なお神々のなかでアテナとアポロンは、古代ギリシャ以来理想の女性・理想的な青年として最も多く彫刻や絵画に取り上げられた神である。

はかり知れない富の所有を想像させる絢爛たる各部屋に感嘆しながら広々としたバルコニーに足を運ぶと、金魚が泳ぐ池やそれを囲むモザイク画が眺められる美しい中庭と、その先に広がるジェノヴァ港が眺められ、中庭に降りると池の周りのモザイク画は獅子・ケンタウロス・象・植物・建物などのを描いた色タイルを組み合わせたものであった。

　王宮を一周した後、既に回ったトリノやマジョーレ湖に浮かぶベラ島の王宮と共通するものを感じられた同行者の声が耳に入った。これは当然のことで、十八世紀からヨーロッパ各地の王侯貴族が営んだ宮殿の多くは、十七世紀後半に絶対王政の頂点を極めたフランス・ブルボン王朝の皇帝ルイ十四世が完成させたヴェルサイユ宮殿や、それを意識して十七世紀末から拡充整備された神聖ローマ帝国ハプスブルク家の離宮シェーンブルン宮殿を模したものである。当時国際関係の中心にあり文化的にも最先端にあったパリやウィーンに赴いた各国の有力者たちは、こぞってそこに見たバロックやその後のロココの様式の移植に努めることで自己の権威と富を披瀝しようとした。

　そしてこのことは、多くの芸術家が各地に招かれて作品を残すことにもなり、先進文化の波及をもたらした。エルミタージュ宮殿の豪奢なヨルダン階段の天井画を描いたイタリア人ティツィアーノや、ドイツ・ロマンティック街道の起点ヴュルツブルクのレジデンツに華麗な天井フレスコ画を残したイタリア人ティエポロ、ドイツのボン近郊にあるアウグストゥスブルク宮殿の階段の間を設計したドイツ人建築家ヴァルタザール・ノイマンなどはその代表的な例である。

　王宮を後にして、道路を隔てて建つ今は大学として使われているという大学宮殿を眺めながら歴史的景観を感じさせる通りをそのまま進み、十九世紀に実現した国家統一の英雄の名を付したガリバルディ通りに入る。丘の中腹にある緩やかな坂道の両側に端正な三階建ての歴史的建造物が並ぶこの通りは、バルビ家など十六~七世紀にスペイン王室の御用銀行家となって巨利をはくした貴族たちの邸宅（宮殿）が並んでいた高級住宅街であったところで、十二の宮殿が集まるなど貴族政共和国全盛時代の繁栄を今に伝えるこの通りを市民は「黄金の通り」と呼んでいるという。

学生の姿が目立つ人込みを縫うように進むと、建物の入口には元の持ち主を示す紋章やフレスコ画が見られ、かつて馬車が出入りした広い入口の奥には広々とした中庭が眺められた。現在個人所有の建物は少なく、銀行などビジネス関連の事務所や商店と、大学や市庁舎・美術館など公共施設に転用されているものが多いという。そしてここには、電柱・電線や自販機とか通りにはみ出した看板や周囲との調和を無視した改築改装は見られず、ヨーロッパの多くの町と同様に歴史的景観を大切に保存しながら現在の生活を共存させていた。そしてヨーロッパの街を歩くといつも感じることであるが、郷土愛といった心情はかかる社会で養われるのではないかと感じた。

通りの左手に白い外壁が目印の白（ビアンコ）の宮殿が目につく。十八世紀の建物で市立美術館になっており、富豪フランコ・アルビニが収集した作品が中心で、ジェノヴァ派の作品をはじめルーベンスやヴァン・ダイクなどフランドル派の絵画やヴェロネーゼなどヴェネツィア派の絵画の収蔵で知られている。またそれと道路を挟んで向かい合っているのが赤（ロッソ）の宮殿で、ここには前記フランドル派の巨匠の作品とともにデューラーなどドイツルネサンス期の作品も眺められ、ヴェネツィアングラスの大シャンデリアなど豪華な調度品の数々も感嘆を誘う。時間が許せばぜひ足を止めたいところである。

さらに白の宮殿と並んで建つのが現在の市庁舎（ドーリア・トウルシ宮殿）でこの建物は、かつて神聖ローマ皇帝（ハプスブルク家）と結んでフランスから自治権を回復しジェノヴァに貴族政共和国を樹立する時に中心的役割を果たしたドーリア家の宮殿であったところ。通りから登り坂になっている入口からは、美しい中庭が眺められた。入口に立つ守衛の警察官に頼むと、十六世紀の華麗な内装とともに見学が可能である。通りの終点はフォンターネ・マローゼ広場。この東側は新市街であるが、ここからすぐ北側の小高い丘にあるディ・ネグロ公園にキオッソーネ東洋美術館がある。

この町出身の銅版画家であったキオッソーネは明治初年に日本政府のお抱え学者として来日し、公債・切手・一円紙幣などの図案とその銅版製作に従事して印刷技術の近代化に大きく貢献した。そして退職後も滞日し日本で亡くなったが、この美術館は彼が収集した浮世絵・仏像・甲冑・刀剣・陶磁器など二万点が収蔵されており、一見の価値がある。

【フェラーリ広場・大聖堂から海岸通りへ】

フォンターネ広場から港側の旧市街に向かって右手に進むと間もなく、十六世紀に整備されて以来の景観を伝えるというフェラーリ広場に到着。先のガリバルディ通りが町を支配した金融資本家を主とする富豪貴族の住宅街であったのに対し、この一帯は当時の官庁街ともいうべき地域で、ともに建築家ガレアッツォ・アレッシの都市計画によるものである。広場中央には大きな噴水が見られ、周囲を先の大戦の被害から復元されたというファサード（建物正面）が美しいオペラ劇場やバロック様式の堂々たる旧証券取引所・かつて牢獄としても使われたというゴシック様式の四角の塔などが囲んでいた。そして三階建ての屋上を多くの彫像と町の紋章で飾り、白と黒の大理石で描く横縞模様が印象的なドゥカーレ宮殿は、十八世紀にジェノヴァ総督の公邸であったところ。現在は展示会場として使われているといい、ネオクラシック様式の美しい姿を見せていた。

宮殿に沿って左手に進むと、白と黒の大理石が横縞模様をなす外壁が、海洋国家ジェノヴァならではのイスラムの香やオリエントの雰囲気を感じさせるサン・ロレンツォ大聖堂の前に出る。十二世紀の創建というこの教会は、下の部分がロマネスク・上がゴシックの様式で完成までの長い年月を知らせており、美しい大クーポラ（円蓋）は十六世紀に前記のアレッシによってつけ加えられたものである。なおこの教会では、正面の三つの入口上部を飾るタンパンの彫刻が特に強い印象を残した。

それは火あぶりの刑に処せられて殉教し後に聖人として列せられたサン（聖）・ロレンツォの火刑の場面をテーマにしたもので、燃え上がる薪の上に横たわるロレンツォとその左右にいて団扇で風を送り火勢を強めている刑執行者の像からなっていた。後に聖人に列せられたローマの兵士サン・セバスチャンをはじめ殉教場面の絵画や彫刻を少なからず見る機会があったが、このような構図の作品は初めて目にした。

内部は三廊式でやはり白黒の大理石を交互に積んで縞模様を見せており、ロマネスク様式特有の柱頭をもった柱が身廊と側廊を分けていた。そして主祭壇後方のステンドグラスがすばらしく、両側廊奥にも豪華な祭壇が見られ、地下の宝物博物館には貿易や金融で巨利を得た商人たちの寄進によって集められた煌びやかな財宝が展示されていた。

なおこの教会最大の財産は、最後の晩餐においてキリストと使徒が使ったとされる聖杯（聖遺物のなかで最も貴重な品のひとつ）と称するもので、それを本物と信じた無知な庶民はなけなしの金を寄進することでこれを拝することを許され、これによって心が癒された巡礼者たちは次の聖地や聖遺物がある教会へと旅立った。中世において聖遺物礼拝は特に功徳が大きいとされていた。

ここからサン・ロレンツォ通りを下ると旧港に出るが、この通りと先のガリバルディ通りの間を占める旧市街はこの町の最も古い部分で、中世以来の細い道が迷路のように続き古いジェノヴァの雰囲気を伝えている。なお今日も船員や港湾関係者が多く住むこのような迷路は計画的につくられた部分もあるらしく、中世に多かった海賊や他国からの侵略者が上陸して市内を自由に掠奪して回ることを防ぐねらいがあったという。

海岸通りの山手側には古い建物が並び、ゴシック様式の開放アーケードは十三世紀以来のものという。一方反対側には港に突き出すようにヨーロッパ最大という水族館が見られた。二万尾の魚を見せる市内最高の人気をほこる施設という。また通りに面して白大理石の巨大な半裸の彫像が目に入った。アメリカ大陸を発見した時のコロンブス像かと連想したが、実は十字軍以来地中海の主役になったガレー船（模型）の舳先に立つ海神ポセイドン（ネプチューン）ということであった。

海洋都市国家ジェノヴァは十字軍への支援に便乗して東地中海に進出し、十三世紀末のメロリアの海戦でこれまで競ってきた海洋都市国家ピサに勝利して海上帝国を実現した。しかし地中海貿易の覇権を競うヴェネツィアと異なって個人主義的な貴族間の政争が絶えなかったので強固な国は建設できず、ヴェネツィアやオスマン・トルコによってしだいに商圏を奪われていった。その後十六世紀から十七世紀にかけて富裕な貴族たちは絶対主義国家スペイン王国の財政を預かる金融業者となり、そこで蓄積した資本を新大陸に投資することで得た巨利によって町の繁栄は最高潮に達したが、その後大英帝国に圧倒されたスペイン王国の衰退とともにジェノヴァの繁栄も終わりをつげた。なおこの間ジェノヴァでは手形や海上保険・複式簿記などの商業技術が発達しており、やがてこれが各国に普及して国際貿易や資本主義の発展に大きく貢献している。

【断崖絶壁の海岸に点在するチンクエテッレの村々】

去りがたい思いでジェノヴァを後にして、私にとっては今回の旅でドロミテ山系と並ぶハイライトであるチンクエテッレをめざした。ジェノヴァから南仏のモナコやニースに向かう西リヴィエラ海岸が世界各国の王侯貴族や富豪が避寒地として集う高級リゾート地として早くから知られたのに対し、東側のピサに向かうラ・スペッツィアまでの東リヴィエラ海岸は開発の波からとり残された状態にあった。

特に途中のメスコ岬からポルトヴェーネレまでの海岸は、断崖が続いて村外との往来は小さな漁船に頼るしかないという極端に不便な交通事情から、近年まで近代化からとり残されたままであった。そしてそのことが手つかずの自然と中世さながらの素朴な生活を残すことになり、五つの小さな集落が点在するところからチンクエテッレ（五つの土地）と呼ばれて注目を浴びるようになった。ここが世界遺産に登録されたのは、切り立った断崖の裾に紺碧のリグリア海の波が砕けて白く泡だ

チンクエテッレ／断崖の入り江の小さな町

つ海岸と、その断崖にへばりつくように営まれたブドウの段々畑や小さな集落が作り出す美しい景観と素朴な風俗が評価されてのことである。

最初のモンテロッソは五つのなかで最も観光客が多い集落で、海岸の旧市街とトンネルの先に開かれた新市街に分かれている。旧市街にはカラフルなパラソルが並ぶよく整備された浜辺とレストラン・カフェ・バール・各種のショップが並び、各村を回ってラ・スペツィアに向かう船が発着し、特にホテルなどの宿泊施設が五つの集落のなかで最も整備されているので、チンクエテッレ観光の根拠地とされることが多い。

次のヴェルナッツァは断崖が途切れた小さな湾沿いの村で、港に続く広場やそこから断崖の中腹にある駅に続く坂道の両側には、土産物屋やバール・レストランなどが続いており、多くの観光客が往き来していた。港の大きな岩に腰を下ろして足を休めると、眼前に陽を受けて光がたゆたう濃い藍色の海が広がり、ボートや海水浴でにぎわうところ。一方背後にはバロックスタイルの鐘楼や狭い緩斜面にひしめく褐色の建物とその背後に続く急なブドウの段々畑が眺められ、展望台がある高台の広場に通じる急な階段の登り口は港の先端左手にあった。またチンクエテッレのなかで最も美しいと言われるこの村は、ローマ時代からワインの産地として知られてきた。

次のコルニーリアは、海面から約百メートルの急崖の上にあり、五つのなかで最古の村という。急斜面に石垣を積んで造ったわずかな平地にブドウを栽培している段々畑の間の急な坂道を登り、息が切れたところでようやく集落に到着。そこはほとんど平地がなく、狭く急な坂道の両側に家屋がひしめくように建っていた。そして一部で土産物屋やバールが営まれており、道路から左手に上がった狭いバールでこの村の名産というワイン「コルニリア」を味わうことができた。漁民が住み着いてできた他の集落と異なり、唯一農民が移り住んでできた村が長い歴史のなかで育んできた銘酒である。またバールの先左手の高台にある小さな広場からは、紺碧の海から切り立った断崖の海岸線やその岩肌と緑のブドウ畑が綾なす美しいストライプ模様が眺められた。五つの集落のなかでは最もよくかつての姿を留めており、駅から集落まで急な坂道が続くので健脚向きの観光地であった。

チンクエテッレ／切り立った断崖絶壁を横切る「愛の小路」

　次の集落マナローラは断崖の下の凹地にできた小さな集落。港から駅までの坂道の両側にやはり土産物屋やレストランが並び、玩具のような建物がわずかな緩斜面に立錐の余地なく建っていた。ここでの最大の収穫は「シャッケートラ」を味わったこと。外の世界との交流が困難であったチンクエテッレの村々では、助け合いながら石垣を積み狭い畑を造成して野菜やブドウを栽培し、船を出して魚をとり、それぞれの家で自家産のワインを醸造するなどして自給自足を基本にした生活を二千年にわたり続けてきた。そのようななかで現金収入を約束したのが塩漬けの海産物やワイン・少量ながら良質の小麦などで、ここのワインは畑が狭く大量生産できないことから希少価値が生まれ、いくつかの銘柄は銘酒として喧伝されるようになった。甘口のワイン「シャッケートラ」もその例である。

　最後の村がリオマッジョーレ。断崖の海岸が切れた狭い谷間の斜面に営まれた五つのなかでは最大の人口をもつ集落で、チンクエテッレ観光の東側の拠点になっている。石で築かれた防波堤の内側は漁船の溜り場であるだけでなく安全な海水浴場として多くの観光客で賑わい、そこから道の両側に並ぶ土産物屋やレストランと民家が崖の中腹に向かってせり上がっている。ここからマナローラまでは、海面から切り立った断崖の中腹を切り開いた「愛の小道」と呼ばれる遊歩道が知られており、さらにモンテロッソまで続く断崖の道を一日がかりでたどる行程が健脚向きながら最高のチンクエテッレ観光と言われている。ただこの日は全線が閉鎖されており、三十分ほどの距離である愛の小道だけでもという期待も果たせなかった。なおここでは、目の前に広がる海から集落やブドウ畑が一望できる高台の城塞からの眺めが最高であった。

期待が大きかったチンクエテッレ観光を終えて痛感したことは、来るのがあまりにも遅そ過ぎたという思いで、せめて世界遺産に登録される前に訪れたかった。断崖絶壁に波が砕ける海岸線と急斜面に営まれてきた段々畑や集落が織りなす風景はたしかに美しかったが、車が入り・一時間に一本の間隔で電車が走り・定期船が往き交うチンクエテッレは既に秘境にほど遠く、独特の漁師の衣裳や風俗は姿を消し、在り来りの店が並び観光客が往き交う小集落であった。若者が居つかず高齢化した村では耕作放棄された畑が目につき、畑を維持する石垣の補修もままならなくなっている情況をいつかテレビが伝えていたが、白川郷など日本の「秘境」と同様避けられない運命かと思った。ただここでも自販機や看板も電柱や電線も見られず、建物の改修や営業に歴史的遺産を守ろうとする強い共通意識が感じられたことが救いであった。

【ピサの斜塔と大聖堂】

斜塔で有名なこの町はアルノ川の河口に発達した港町から出発しており、ドゥオーモ（大聖堂）一帯を囲む城壁の門を入ると、そこは「清浄にして華麗な聖域」と表現され「奇跡の広場」とも言われるドゥオーモ広場で、広々とした青い芝生のなかに白大理石造りの三つの建物が陽を浴びて輝いているのが目に飛び込んできた。手前からディオティサルヴィの手になる洗礼堂・ブスケートの手になるドゥオーモ・そしてボナンノ・ピサーノの手になる有名な斜塔で、設計者がそれぞれ異なるにもかかわらず、見事な一体感を見せていた。

ドゥオーモは、十一世紀当時イタリア一の海運都市であったピサが、東地中海から進出してシチリア島を支配したオスマン・トルコの海軍を一〇六三年のパレルモ沖海戦で破ったのを記念し、聖母マリアに捧げる教会として建設された。そして工事は地中海貿易の主導権を獲得して得た巨富を投じ、当時ヨーロッパで流行したロマネスク様式を基本として進められた。それ故大聖堂はイタリア・ロマネスクの最高傑作といわれ、また柱やアーチに白黒の大理石を交互に使うなど随所にビザンチンやサラセンの様式の影響が見られる。

ピサの斜塔遠望

ドゥオーモの正面は二階以上が四層の軽快な列柱からなるアーケードで飾られ、その下の三つの入り口には、十七世紀初頭のジャン・ボローニャが聖書から題材をとって浮き彫りを施した美しいブロンズの扉があり、二階以上の装飾と見事な調和を見せていた。またジョヴァンニ・ピサーノによって彫られた現在の入り口の扉にある聖ラニエリとキリストやマリアの浮き彫りは、イタリア・ゴシック彫刻を代表する傑作して知られている。

身廊は初期キリスト教時代以来のバジリカ形式を基本にしながら、東側で建物が十字に交差する部分にドームを乗せていた。堂内は五廊式で前記の海戦の戦利品である六八本の石柱が並び、上部の壁には白と黒の大理石が交互に使われており、天井は格子状の木造で金の装飾が施されていた。そして奥の主祭壇にはジャン・ボローニャによる磔刑のキリスト像が置かれ、その上にあるドームの半円形の天井は、ジョットの師チマブーエのデッサンによるというキリストとマリアとヨハネの大モザイク画に覆われてビザンチン風の雰囲気を感じさせていた。そして主祭壇右横には聖ラニエリのミイラが安置されていた。

また、ジョバンニ・ピサノによる十角形の説教壇もすばらしかった。古典主義的な柱頭や聖人の彫刻をもつ六本の柱と、その内側にあるキリストや諸寓意像などの彫刻に飾られた五本の人像柱に支えられており、預言者の像によって区劃された各面には、「マリアの訪問と洗礼者の誕生」「キリストの誕生と牧者への聖告」から最後の二面にわたる「最後の審判」にいたる新約聖書の物語の美しい浮き彫りが見られ、その下には二頭のライオンが置かれていた。そして洗礼堂のところで紹介する父ニコラ・ピサーノによる説教壇に比べると、時代が下るだけに一段と複雑で豪華な印象を与えていた。

さらに説教壇近くの天井から吊り下げられたブロンズの「ガリレオのシャンデリア」もよく知られている。ガリレオがこのシャンデリアが揺れるのを見て「振り子の等時性」の法則を発見したという伝説があるためである（実際にはシャンデリアが作られる前に法則が発見されていたという）。

なおこのシャンデリアから下がっている紐は建物の柱に対して平行でなく、ドゥオーモもまた傾いていることを知らせていた。

ピサの象徴になっている斜塔はドゥオーモの鐘楼が東側に独立して建てられたもので、それぞれの階を白大理石の細い列柱と回廊で囲んだ円筒形の建物が、緑の芝生のなかに華麗な姿を見せていた。内部は空洞で、二九三段の螺旋階段が頂上まで続いている。

七層の上に七つの鐘を吊す堂を乗せた斜塔は、この町生まれのボナンノ・ピサーノによって一一七三年に着工され、柔かい地盤のために建設中から傾き始めたという。現在の傾斜は垂直線から四・五メートルといい、長く続いていた倒壊防止のための閉鎖は今回解除されていたが、時間の関係から塔の上から一帯の眺望を楽しむ夢は実現しなかった。しかし大理石による軽快な白亜の造形美はどこから眺めても期待を裏切らなかった。なおガリレオが学生を前にこの塔の傾きを利用して加速度の実験を繰り返したことはよく知られており、以来ピサ大学はイタリア一の科学と数学の伝統を誇ってきたという。

一方その西側には、太く短い円筒形の白亜の洗礼堂が大小二重のドームを乗せて美しい姿を見せていた。ヨーロッパ最大の洗礼堂で十二世紀から二百年をかけて完成したため、一階は窓の少ない外壁の単調さを半円形の大きなアーチが補っている重厚なロマネスク様式・上層部はニコラとジョヴァンニのピサーノ父子による華麗な列柱や尖頭アーチが美しいゴシック様式になっていた。

なおこの大聖堂は、当時としては珍しい配置になっている。独立した洗礼堂はラヴェンナのネオニアーノ（正統派）洗礼堂とかローマのサン・ジョヴァンニ・イン・ラテラーノ教会の洗礼堂など五〜六世紀の初期キリスト教時代に見られた建築様式であるが、この大聖堂が建てられた十一世紀以後の西ヨーロッパでは稀になっている。またここでは塔もドゥオーモから独立してその東側に建っているが、この時代になると塔はドゥオーモの一部としてその西側に接続して建てられるのが一般的になっている。それ故私達は、この聖堂が特異な様式を採用したために、異なった形で並び建つ三つの美しい殿堂を眺める幸せを得ている。

堂内に入ると、中央に聖ヨハネのブロンズ像が置かれ二階には回廊が回されていたが、ドームの天井に装飾が見られないなど簡素な内装であった。ただここは音響効果がよいことで知られており、職員が声量豊かな美しい声で賛美歌を歌ってそれを実証してくれた。

圧巻は大洗礼盤と彫刻が美しい説教壇で、前者は体を水につける浸礼を行なうために浴槽を思わせる大きさになった。また後者は先のジョヴァンニ・ピサーノの父ニコラ・ピサーノの作品で、コリント式の軽快な七本の柱がゴシック様式のアーチで結ばれ、その上にそれぞれの面を浮き彫りで覆った六角形の壇が乗せられていた。柱頭の上にはそれぞれ一人ずつの予言者や寓意像が、アーチの外側には預言者像や福音記者像が見られ、上部の壇の五区画には「聖告と誕生」「三賢者の礼拝」「宮詣り」「磔刑」「最後の審判」というキリストの生涯の浮き彫りが見られた。

このようなニコラの作品には、古代ローマ帝国の再現をめざした十三世紀の神聖ローマ皇帝フリードリヒ二世の古代ローマ文化回帰願望が影響しているという。納骨堂に残る古代ローマの石棺にある浮き彫りから直接に学んだニコラは、この説教壇の浮き彫りや、英雄ヘラクレスの姿を借りながらキリスト教の美徳のひとつ剛毅を表現したドゥオーモの「剛毅」像などを通して、人体の豊かな肉づけや表情の感情表現において独自の様式を形成したという。そしてピサーノ父子のこのような成果は、単にゴシック芸術の頂点をなすだけでなく、次のルネサンス芸術への確かな歩みを感じさせ、またルネサンス以前の中世を暗黒時代とする見解の誤りを具体的に示していると感じさせてくれた。

ドゥオーモの北側には、白大理石が眩いばかりに陽を反射している長大な方形の納骨堂（墓地）があった。先の大戦で破壊された十三世紀の建物を復元したものというが、戦災がこれのみですんだことを心から感謝した。中に入ると白大理石の回廊に囲まれた広い中庭があり、浮き彫りをもつギリシャ・ローマ時代の石棺や多くの墓石が置かれていた。

堂内には、町の歴史を伝える品々や十四〜五世紀のものというフレスコ画などが展示されていたが壁面を飾っていた五八枚のフレスコ画のうち戦災を免れた作者不明の「死の勝利」と「地獄図」が印象に残った。特に死によって地上の生から解放されるという思想を描いた前者は、十四世紀に蔓延したペストの様子を生々しく伝えて印象的であった。

帰りぎわにもう一度振り返った大聖堂の全景は、後に地中海貿易の主導権をジェノヴァやヴェネツィアに奪われ政治的にはフィレンツェの支配下に入るまでの十一〜三世紀に輝いた、ピサの栄光の時代をいかんなく象徴しているように感じさせていた。

華麗なルネサンスの街・花の都フィレンツェ

【ミケランジェロ広場からピッティ宮殿パラティーナ美術館へ】

豪華王と讃えられたロレンツォ・メディチが君臨した十五世紀のフィレンツェは、巨大な経済力とローマ教皇との密接な関係を背景とした強大な政治力によってイタリア有数の共和国となり、そのなかでロレンツォはミケランジェロをはじめ多くの学者・芸術家のパトロンとして、ルネサンスの展開に大きく貢献した。

このようなルネサンスのメッカ・フィレンツェは紀元前に起源をもち、トスカーナ平野の豊かな生産力と東方貿易の利・そして毛織物生産の発達などによる巨大な経済力によって十三世紀には自治権を獲得し、有力市民を中心とした同業者組合が実権を握った。そして十四世紀後半より家業の薬屋から金融業に進出して教皇庁の徴税や財政を担当して巨大な富を蓄積したメディチ家の下、「祖国の父」コジモからその孫であるロレンツォの時代の全盛期を迎える。

初めてミケランジェロ広場に立った時の感動は今なお忘れられない。小高い丘にあるそこからは眼下に流れるアルノ川を隔ててばら色のフィレンツェの街が一望でき、大きなドームを乗せたドゥオーモや独特の塔が目につくヴェッキオ宮殿などを目で追いながら、これからの観光に期待が膨らんでいった。そこにはルネサンス時代さながらの街並みが保存されており、周囲との調和を乱す近代的ビルなどは全く見られなかった。そしてこのような旧市街の背後には、中世以来町の繁栄を支えてきた豊かなトスカーナの大地が続いていた。

広場中央に立つミケランジェロの代表作「ダヴィデ」像のコピーと別れをつげ、ヴェッキオ橋への途中にあるピッティ宮殿内のパラティーナ美術館に向かった。宮殿は十五世紀中ごろに銀行家として成功したカール・ピッティが大邸宅を建てようと着工したためにこの名があり、彼の死後にこの町最大の実力者メディチ家が未完の邸宅を含む広大なボーボリ丘一帯を買い占めた。以後新たな増築と流行の様式に合わせた改修が繰り返えされ、今見るような目につく装飾もない簡素で重厚な三階建ての外観と、豪華絢爛たる内装を施した幾つもの美術館や博物館・ボーボリ公園からなる総合的施設としてのピッティ宮殿に落ち着いたのは、十九世紀末のことである。

めざすパラティーナ美術館は宮殿中庭に面した柱廊の右手・「十六世紀の大階段」を昇った二階にあった。入って先ず目を奪ったのはその絢爛豪華な室内装飾や調度品で、十七世紀におけるメディチ家の宮殿の雰囲気をそのまま再現しているという。ただ作品は年代や時代を無視して展示されており、探すのに戸惑うことがしばしばであった。

先ず最初に、部屋の中央にナポレオンの命令で制作されたというカノーヴァの代表作「イタリアのヴィーナス」が台座に立つ「ヴィーナスの間」に進むと、十六世紀ヴェネツィア派の巨匠ティツィアーノによる宝石と華麗な衣裳に身を包んだ上品で美しい「貴婦人の肖像画」が目についた。次いでバロック美術の頂点をなすルーベンスの「畑仕事の帰り」が足を止めさせた。風景画に人物を持ち込んだことで知られる作品で、夕暮の農村風景を彼一流の華麗な筆致で描いていた。

「アポロの間」では、ティツィアーノの濃い色彩を背景に柔らかい光を浴びて敬虔な祈を捧げる豊満な女性を描いた「悔悛者マッダレーナ」や、黒い服に衿と両手首にのみ白い下着をのぞかせた「紳士の肖像」が目についた。またルーベンスの椅子に座し書籍を前にした「四人の哲学者」や、戦争に向かう軍神マルスを引き止めようとする裸体のヴィーナスを中心に置き、躍動的な人物像と華麗な色彩で戦争の悲惨さを予告している「戦争のもたらすもの」も印象的であった。

「ジュピターの間」では、ヘラクレスと勝利の女神に導かれて王子がオリュンポスに迎えられるコルトーナの壁画と、コンサーニの手になる彫刻「座せる勝利の女神」や豪華なテーブルが先ず目を奪う。絵画ではラファエロが亡くなるまで愛したパン職人の娘マルゲリータをモデルにしたとも言われる有名な「ヴェールの女」がここにあり、大きなヴェールを被り宝石のネックレスをつけ高価な衣裳をまとった美しい若婦人の肖像であった。またこの部屋では、幼子を囲む穏やかな雰囲気を描きだしたルーベンスの「聖家族」や、天使に支えられて膨らんだ袋に腰を下ろした幼子に手を合わせて視線を送るペルジーノの「袋の聖母」も目についた。

メディチ家を寓意的に賛美しているというフェッリの「サトゥルヌスの壁画」からその名がある「サトゥルヌスの間」では、ラファエロの作品を堪能することができた。黒い背景の前に幼子を抱いて立つ「大公の聖母」や、幼子を抱き豪華な肩掛けとターバンをまとい高価な装飾を施した椅子に座す聖母とそれに合掌するヨハネを円い画面に描いた「小椅子の聖母」は特によく知られた作品。また夫を描いた「アニョーロ・ドーニの肖像」と対をなす妻を描いた「マッダレーナ・アニョーロの肖像」の首を飾っている一角獣は子宝を・エメラルドは貞節を・ルビーは力と繁栄を・サファイ

ア と真珠は純潔をそれぞれ表しているという。

ギリシャ神話のホメロスの叙事詩に主題をとった壁画がある「イリアスの間」では、上品で落ち着いた雰囲気の婦人の上半身を描いたラファエロの「妊婦像」が見られ、計略で見事に敵将を倒してユダヤ民族の危機を救ったという旧約聖書の物語を主題にしたジェンティレスキの「ユーデット」は、剣を肩にしたユーデットと敵将の首を入れた篭を持つ侍女が、黒い背景の中に色彩豊かに描かれていた。

次いで「ジュピターの教育の間」に続く「ナポレオンの浴室」で新古典主義様式の家具や華麗な壁画を眺め、「ストーヴの間」「ユリシーズの間」を通りギリシャ神話に題材をとった壁画が美しい「プロメテウスの間」に進むと、私室に飾るためのフィレンツェ独特の絵という先にも見た円画（トンド）が多く集められており、その中でフィリッポ・リッピの「聖母子像」が目を引いた。玉座の聖母子と背景の女性たちが、キリスト教を主題にしながらも遠近法を活用して日常的に軽やかに描かれており、ルネサンスの人間描写を大きく前進させたことを知らせていた。また彼の弟子でウフィツィ美術館にある「春」や「ヴィーナスの誕生」を残したことで知られるボッティチェリが横向きの女性の上半身を描いた「婦人像」も見られた。

この先にも豪華な壁画と多くの名画が展示された部屋が続いたが、予定した作品をほぼ捜し当てることができ、またこの先の見学地への期待も大きかったので、そこからは足早に各部屋を回って出口に向かった。そしてピッティ宮殿には他にもこのパラティーナ美術館に隣接する宮殿記念館や近代美術館・銀器博物館・衣裳博物館・馬車博物館・陶磁器博物館などがあり、豊かな樹木と水と彫刻からなる広大なボーボリ公園もあるが、次の機会にゆずって旧市内中心部に通じるヴェッキオ橋に向かった。

市内最古というこの橋の両側には宝石店や彫金細工店・土産物店が並び、河のなかほどにはアルノ河の流れに影を落とす両岸の伝統建築が眺められる展望所があり、楽しい雰囲気の通りであった。また頭上に続く建物は、かつてメディチ家の当主が土を踏まずにウフィツィ宮殿から対岸のピッティ宮殿に行けるよう作らせたヴァザーリの回廊である。

アルノ河を渡り最初にめざしたのがサンタ・マリア・ノヴェッラ教会。橋を渡ってすぐに左折して河沿いの景観を眺めながら進むとやがてサンタ・トリニタ橋で、そこを右折して広い通りを進むとすぐの左手にサンタ・トリニタ教会が見られる。フィレンツェ・ゴシック様式の特徴をよく備えると言われる外観をしばらく眺めてそのままトルナブオーニ通りを進み、すぐの右手に建つ端正なストロッツィ宮の前で足を止めた。一列に並ぶ窓の他に装飾が見られない三階建ての建物は十五世紀末にストロッツィ家のために建てられたもので、ルネサンス様式の宮殿としては最も有名な建築という。

そこから三叉路の真ん中スパーダ通りに左折し、二十世紀の彫刻家として世界的に知られたマリーノ・マリーニの作品の博物館を左側に見ながら直進し、広いフォッシ通りとの十字路で右折すると間もなくオベリスクが建つサンタ・マリア・ノヴェッラ広場である。

【サンタ・マリア・ノヴェッラ教会】

広場に立つと、白と緑の大理石を組み合わせた壮麗な教会正面が眺められる。ルネサンスの万能人の一人に数えられる十五世紀後半のアルベルティの設計で、一階に円頭アーチと尖頭アーチを組合せ、上階に大小四つの円窓を置くことで、古代ギリシャ・ローマの様式をルネサンス建築として甦らせたものである。

教会は十四世紀にドメニコ派修道会によって開かれ、堂内は本来のゴシック建築にルネサンス様式の改修が施されていた。ここでは遠近法を初めて絵画に取り入れてルネサンス絵画の開拓者となったマザッチョのフレスコ画「三位一体」が期待の作品。左側の礼拝堂にある十五世紀初めのこの作品は、狭い堂内の中央上部に父と十字架上の子を置き、その足元左右に聖母とヨハネを・柱の外に寄進者を配し、見る者につい奥行のある彫刻かと錯覚させる絵画であった。またゴンディ家の礼拝堂には、絵画のマザッチョ・彫刻のドナテルロと並び建築の面で初期ルネサンスを代表するブルネルスキの十字架が見られた。

奥に進むとステンドグラスからの光を浴びた中央祭壇の彫刻がすばらしく、また聖歌隊席後方壁面をギルランダイオによる華麗なフレスコ画「マリアとジョヴァンニの生涯」が埋めていた。なおこの壁画の背景は、後に回ったストロッツェ礼拝堂の同人による「マリアの誕生」とともに当時のフィレンツィの情景を今日に伝えるものとしても貴重である。

この教会で見逃せない遺産のひとつが教会正面左手から入った「緑の回廊」のフレスコ画。パオロ・ウッチェロの手になる十五世紀中頃の壁画で、旧約聖書から題材をとった「アダムの創造」「イヴの創造」などがあり、「大洪水」では棍棒をもって争う画面左半分の堕落した情況と右半分のノアが方舟から身を乗り出して救われたことを示す情景が、緑色を多用し遠近法を駆使して巧みに描かれていた。このような大洪水をテーマにした作品は少なからず残されているが、これは神による救済の理念を表したものともいう。なおこの先には、フレスコ画が見事な「スペイン礼拝堂」「ストロッツィ礼拝堂」があった。

必見のもう一つは教会付属宝物館で、十四世紀以降の多くの棺や、ウッチェロの「創世記」の物語の絵が見られる主祭壇用の基台装飾・聖職者の祭式用の豪華な衣裳・豪華な銀製聖祭用具など、十九世紀までの歴代の秘宝がガラスケースに展示してあった。

そこから美しい街並の散策を兼ね、閉館時間の関係から長駆して旧市街北方のサン・マルコ美術館をめざし、途中で目についたバールで一休み。カフェ（日本で言うエスプレッソ）のカップを手に立ったまま口をつけようとすると、店員が座るよう勧めてくれたのでいくつもないテーブルに座り、通りを闊歩する見事なプロポーションの娘サンに見惚れながらしばらく歩を休めた。

【サン・マルコ美術館】

小さな尖塔を乗せた鐘楼（泣き虫の異名がある）をもつルネサンス風の二階建のサン・マルコ美術館は、十九世紀に廃止されるまでドメニコ会の修道院であった質素な建物で、廃止後まもなく市内にあったフラ・アンジェリコの作品の大半が集められ、美術館として再スタートした。

教会右側の入り口から入り、イオニア式の列柱を円頭アーチがつなぐミケロットの設計になる聖アントニーノの回廊に進むと、十五世紀に司教となった修道士聖アントニーノの生涯を描いた十七世紀の美しいバロック絵画がアーチ内側に眺められた。そしてやがて敬虔な修道士で画僧でもあったアンジェリコの有名な「サン・マルコの祭壇画」が目に入った。前記のマザッチョに私淑して遠近法などを学んだアンジェリコが町の支配者コジモ・デ・メディチの依頼で描き、この修道院の主祭壇に奉納されたものという。

中央の玉座に聖母子が座し、その両側に多くの男女の聖人が並び、上方左右には地中海地方を象徴する糸杉の並木が見られた。そして登場人物の頭上にはいずれも金色の光輪があり、作者の敬虔な信仰心を感じさせる作品であった。なお祭壇画は最初聖具が置かれた祭壇の奥の単なる衝立てで、やがて聖母子などが描かれるようになり、さらにそれ自体に神秘的なものが宿るとして礼拝の対象にされていった。

さらに進むと突き当たりの壁に、先に外観を眺めて素通りしたサンタ・トリニタ教会のストロッツィ礼拝堂に奉納されていた「キリスト降架」が見られた。華麗な装飾に縁取りされた立体感を感じさせる三連祭壇画で、中央に十字架から降ろされた裸のキリストを置き、足元左に娼婦から敬虔な信者になったという言い伝えもあるマグダラのマリア・右に奉納者ストロッツィを置いて三角形の構図をつくり、聖母など左右にいる人物と背景の夕陽に照らされた緑の丘や家並みとともに鮮やかな色彩で描かれていた。

二階に上がったところで、アンジェリコの最もよく知られた作品「(階段の上の)受胎告知」が見られた。柱頭が美しいコリント式の柱の奥右側に、両手を組みやや身を乗り出しぎみにして正面の相手を見つめる聖母を、そして左側に片膝を着き両手を組んで告知する翼が美しい大天使ガブリエルを置き、二人の若々しさと庭の草花やそれに続く糸杉などの森が厳粛な宗教儀式の雰囲気を和やかにしている。なおこの絵には見られないが、以前ミュンヘンのアルテピナコテークで眺めたフィリッポ・リッピの作品に見るように「受胎告知」では天使がユリの花を持っている場合が少なく、白いユリは純潔の象徴として雄蘂を描かないことが慣習になっている。

最初の廊下を進むと僧坊が並んでおり、各部屋の壁には福音書を出典とする壁画が描かれていたが、十室まではアンジェリコが修道士たちに人間の運命が神に委ねられていることを自覚させるために描いたというフレスコ画が見られた。その中では、十字架から降ろされたキリストを抱くマリアや足を拭くマグダラのマリアなどを描いた二つ目の僧坊の「キリストの死を悼む」や、六つ目の僧坊で眺めた白い衣服のキリストが光を背景に使徒たちの前に立つ「キリストの変容」が印象的であった。

【アカデミア美術館と捨て子養育院】

次いで足を運んだのがミケランジェロの最高傑作として知られる「ダヴィデ」像が展示されているアカデミア美術館で、サン・マルコ広場をはさんだ斜め右手に位置し、入場券を手にすると途中の一切の展示品に目もくれず目的に向かって直行した。

期待の巨大な大理石のダヴィデ像は、円形の特別室中央の台座から彼方の強敵ゴリアテへ視線を向けるかのように立っていた。左足を遊ばせ右足に頭部からの重心が垂直に降りている静止の姿勢には、古代ギリシャ・ローマの建築・彫刻に強い共感を抱いていたという作者ならではの完璧な均斉・調和が見て取れ、今まさに石投げ器で起動しようとする強い意志が感じられた。

完璧な写実を土台にしながらそこに内面から沸き上がる若々しい理想の精神性を表現したこの作品は、制作された十六世紀初頭以来盛期ルネサンスを象徴する彫刻の最高傑作とされるとともに、フィレンツェの自由と共和政のシンボルとして政庁前広場（シニョリーア広場）に置かれ市民に愛されてきた。そして数百年間風雨に曝されて大理石の表面に劣化が進んだため、十九世紀末にアカデミア美術館に移され、先に訪れたミケランジェロ広場と政庁前広場にはそのレプリカが置かれている。

ここには他にも、ギリシャ神話で天空を支える罰を課された神「アトラス」とか死せるキリストが聖母とマグダラのマリアに支えられた「パレストリーナのピエタ」・「聖マタイ」・何体かの「囚人」などの作品が見られたが、いずれも未完のまま。これは単なる「未完」にとどまらず、物質的状態を脱却しようとする生命力とか、大理石に象徴される拘束から自由になろうとする挑戦を表現しようとした新しい表現形式という評価もある。

絵画も、「巨像の間」のフィリッポ・リッピの子フィリッピーノ・リッピの個性的な「洗礼者ヨハネ」「マグダラのマリア」やペルジーノとフィリッピーノの合作による劇的な表現の「キリスト降架」

とか、「ビザンチンの間」の十二本の枝のある樹に磔にされたキリストを描いた「貧乏人の聖書」といわれる極めて特徴的な「生命の木」・砂漠にいる間に伸びた髪が裸体を包み、左手に神への帰依を勧める言葉を書いた巻紙を下げた通称マグダラのマリアの師匠による「マグダラのマリアの生涯」などが目についた。

まだ「戦後」の余韻が残る学生時代にルネサンスの講義や羽仁五郎の著書に目を開かれて以来の念願をはたして次に向かったのは、アカデミア美術館のある区画からサンティッシマ・アンヌンツィアータ広場を隔てて建つ捨て子養育院。十五世紀前半に町の絹織業組合が設立した社会施設で、ファサードは建築家ブルネレスキの設計によるものである。

広場にはフェルディナンド一世の騎馬像が見られ、その奥の階段上に九つの円頭アーチとそれを支える柱が美しい開放アーケードが眺められた。柱とアーチと二階を支える梁に囲まれた三角形の壁にはそれぞれ異なるテラコッタの捨て子像が飾られており、二階は地階のアーチと対応する小さな窓があるだけの壁面で装飾を最小限にとどめ、左右対称の端正で軽快な姿がルネサンスの雰囲気を感じさせていた。そしてアーケードの中央入り口から入るとその奥は中庭で、周囲に孤児を収容した部屋が続いていた。

美術作品としては、堅実な写実と明るい画面構成で描かれたギルランダイオの大作「東方三賢王の礼拝」が目につき、聖書に題材をとりながら精巧な技法によって現世の場面として描かれていた。またボッティチェリの「聖母子と天使」も目につき、詩情と宗教性を内包した独特の線が印象に残った。

なお中世以来ヨーロッパでは教会や富裕者による孤児救済が各地で行なわれた。イタリア南部のナポリでは、教会の外壁に四角の穴をあけて中心の軸によって外から内へと回るタライ状の箍を作り付け、通りからそこに捨て子を入れて押すと室内に回っていくルオータと呼ばれるものまで設けられていた。そして救済された子供の中には合唱隊員養成の教会付属音楽学校に入れられ、特に才能を認められると子供の時に去勢され、高音声を維持するカストラータとして舞台に立って教会に高収入をもたらす者も少なくなかったという。

最後に向かったのが、十五世紀以後共和制から大公国時代にかけフィレンツェの頂点に立って栄華をほこったメディチ家ゆかりの三つの建物。養育院前のアンヌンツィアータ広場を左折して広いセルヴィ通りを進み、ドゥオーモに着く手前の左角にサン・ミケーレ・ヴィシドミニ教会が目につく十字路を右折し、しばらく行くと右手にメディチ・リカルディ宮殿・その先左手に大きなサン・ロレンツォ教会があり、閉館時間の関係からその裏にあたる通称メディチ家礼拝堂に向かった。この建物は正確にはサン・ロレンツォ教会の一部で、「君主の礼拝堂」と「新聖具室」からなる。

【メディチ家礼拝堂】

フィレンツェでは珍しいバロック建築のこの建物は十七世紀前半の当主フェルディナンド一世の発案で着工され、主な壁面装飾は十七~八世紀に行なわれたが、祭壇と床が現在の姿に落ち着いたのは二十世紀半ばで、三世紀の歳月と莫大な富を費やして完成した。そして最も重要な歴代の人々の墓は地下礼拝堂（クリプタ）にあった。

広大な八角形をなす「君主の礼拝堂」はその豪壮華麗な装飾が訪れた人を圧倒する。明かり取りの窓から光がさす八角形の円天井にはピエトロ・ベンヴェヌーティの「旧約聖書と新約聖書の物語」や聖人たちを描いたフレスコ画が見られ、周囲の壁は大理石と宝石で余すところなく装飾され、壁の最下部の腰板にはトスカーナ大公国の十六の都市の紋章が描かれていた。そしてそれをコジモ一世など六人の大公の記念墓碑が見下ろしていた。幾何学模様で美しく装飾された床を進むと最奥は眩いばかりに装飾された後陣で、その手前の祭壇に磔刑のキリスト像が高い台座に立っていた。そしてその後に「聖骨箱と宝物の礼拝堂」があり、華麗に装飾された「聖アンナ像」や「司教冠」などかつてメディチ家の私蔵品であった多くの秘宝が展示ケースに並んでいた。

礼拝堂からミケランジェロ設計の「新聖具室」に進むとそこは円天井を乗せた正方形の部屋で、周囲は二本組みの角柱によって墓碑を置くスペースが区切られていた。入って左側の壁にある左手を口元に置き物思いにふける座像が、メディチ家最盛期の豪華王ロレンツォの孫ウルビーノ公「ロレンツォ」の墓碑で、その下の石棺の右側に女性像「曙」・左側に男性像「黄昏」が見られた。「曙」と「黄昏」は、時間を擬人化することで人生のはかなさを表現したものという。一方反対側の壁には顔を左に向け両手を太ももに置いた豪華王の三男ネムール公「ジュリアーノ」の墓碑があり、その下の右側に男性像の「昼」・左側に女性像「夜」が置かれていた。「昼」は苦しみと自由・怒りと復讐の擬人化、「夜」は多産化のシンボルを念頭においたと言われ、ともに人間の思考と行動の永遠性の表現と言われている。そしてこれらはミケランジェロによる墓碑彫刻の傑作とされている。
また入り口を背にして右手の箱型の石棺の上に、幼子に乳をやる母親の姿で制作された「聖母子像」が見られた。ミケランジェロが永遠の救済への望みを与えてくれる唯一の存在として造ったといわれ、彼の最高傑作の一つに挙げられている。またその両側には、メディチ家の守護神である二人の聖人像が置かれていた。

【サン・ロレンツォ教会からメディチ・リカルディ宮殿】

礼拝堂を後にしてサン・ロレンツォ教会に向かうと、教会横の通りには皮製品や衣服など多くの露天店が並び多くの人が往き来していた。ブルネレスキの設計というこの教会はメディチ家代々の菩提寺にあたり、簡素でしかも重厚な量感を見せる外観を眺めながら入り口へ進むと、コリント式の列柱で区切られた三廊式の堂内は、磔刑のキリスト像を掲げた祭壇の上にフレスコ画が見られるだけでほとんど装飾が見られず、簡素ななかに静寂な雰囲気が漂っていた。旧聖具室と説教壇の装飾はドナテッロの手になるものという。
静寂を破って突然、「ここがメディチ家礼拝堂ですか」という大音声が堂内に響いた。振り向くと数人の日本人で、この建物の裏にあることを告げた後もしばらく声高に話し続けていた。店に入ってむやみに商品を手にとっては放り出す行為とともに、教会でしばしば目にする光景で、時には眉を顰めて視線を送る現地人も見られる。なお祭壇手前の左側から出て中庭に続く階段を上がるとラウレンツィアーナ図書館で、ともにミケランジェロの設計。メディチ家が収集した古文書一万点を収蔵するという。

　ロレンツォ教会を出てその斜め向かいの十字路に面して建つメディチ・リカルディ宮殿は、金融業を主にした巨大な経済力を背景にフィレンツェの実権を握ったメディチ家が、最盛期を迎えた十五世紀のコシモ・メディチからその孫であるロレンツォ・メディチ（豪華王）までの時代に居城としたところ。建築家ミケロッットの設計は共和政支持の世論が高い市民から専制者とみなされることを避けるため、一階を荒い石積みにするなど質素で重量感ある外観をめざしており、二・三階は多くの二連窓を並べることで軽快感を出し、全体として安定感を感じさせる特徴的なルネサンス様式を見せていた。なおこの宮殿は後にリカルディ家の所有になったので現在の名称になった。

　入場券売場は、アーチを支えるコリント式の列柱が二階建の周囲を囲んで明るく軽快な雰囲気を感じさせている中庭にあり、階段を上がった広い部屋は天井のフレスコ画や大きな鏡・金色の縁取りを施した絵画や彫刻に埋まった絢爛豪華な内装で、細心の注意を払った外見とは対称的に最盛期メディチ家の富と権力を彷彿させていた。

　この宮殿での必見は、広間から右手奥に上がったところにある小さな礼拝堂で、ベノッツォ・ゴッツォリによる「東方三賢王の行列」などの美しいフレスコ画で周囲が埋まっていた。行列には、馬上の美しい貴公子然とした豪華王などメディチ家の人々も描かれており、赤いベールを被っているのは画家本人であるという。この部屋の装飾に当たってゴッツォリはメディチ家の要請でできるだけ豪華にと心掛けたといい、また行列はフィレンツェで実際に行なわれたローマとビザンチンの東西両教会による大宗教会議に出席したビザンチン皇帝一行の煌びやかな行列を思い浮べて描いたといわれ、当時のフィレンツェの華麗な繁栄ぶりを伝えていた。

なお入場券を求める時、「チケット・プリーズ」と言うと売場の若い娘サンが吹き出しそうになった。それで朝からのことを振り返ると、気のせいかバスの乗車券を買ったホテルのフロントや別の博物館でも似たような表情が思い出され、バールやピッツェリアでは別段異状を感じなかった。発音が悪いためか、はたまたそれがイタリア語のあまり好ましからざる事柄を連想させたのか。以後は、ボンジョールノー一本槍でいくことにした。

ロマネスクの遺産が美しい旧エミリア街道沿いの小都市を経てパヴィアの僧院へ

【ローマの軍道とエミリア街道】

魅惑に満ちたフィレンツィ市内観光の半分を次回に譲り（華麗なドゥオーモや美の殿堂ウフィッツィ美術館などに関しては別項「イタリア美術紀行」参照）、旅はイタリア半島を東西に分けるアペニン山脈を越えてボローニャに向かい、そこから国道九号線を通ってミラノに向かう最後のコースに入った。国道九号線はローマ時代のエミリア街道とほぼ重なるように走っている。

ローマ時代の街道は最初、都市国家ローマから出発してその後統一したイタリア半島の統治を安定させるために建設がはじめられ、その後は領土の拡張にともなってスペインからシリアまでの地中海沿岸と西ヨーロッパ全域にわたる帝国全土に張り巡らされた。そしてその時々の国境線の基地に軍団を常駐させ、国境が侵犯された場合はそこから迅速に兵士を派遣できる体勢を整え、それによって少数の兵士で長大な国境を安定させる方針をとった。帝国にとって最大の懸案であったゲルマン人との国境として定めたライン河とドナウ河を結ぶ北海から黒海にいたる線も、わずか十ヶ所の軍団でまかなわれた。

それ故街道は軍道としての性格を強くもっていた。中央に馬車（戦車）がすれ違える幅四メートルの敷石舗装の車道を設け、その両側に排水溝と幅三メートルの歩道を、さらにその外側に石のベンチや糸杉・松などの並木を設けた。その上、起点や近隣の都市との距離を記したマイル塚や墓所・墓碑まで置かれた。また街道の各所に駅が設けられ、そこには宿泊所や飲食所・馬の交換所や馬車の修理所・手紙や荷物の取次所（郵便施設）・浴場・水道・売店・売春宿などがあった。

このような街道は勿論民間人の利用も自由で、スペインからシリアまで旅した民間人の手記によると治安も全く心配がなかったと記されている。そして全国を網羅したこのような舗装道路や安定した治安と、占領と同時に統治の拠点で着手された軍団兵士による水道・劇場や競技場・神殿・広場や会議場などインフラの整備が、征服地に自治を認めたこととあいまって征服された民族の反感をやわらげ、帝国の長い安定と繁栄を可能にしたと言われている。

最初のローマ式街道はローマから半島南部に伸びるアッピア街道で、紀元前四世紀末に着工された。当時ローマにのみ置かれていた軍団の兵士を、南部に伸びつつあった占領地に迅速に進めるためで、街道設置の提案者で工事の総責任者でもあった財務官の名をとって街道名とされた。工事には戦争がない時の軍団の兵士が従事し、経費は元老院の承認のもとに国庫から支出された。なお工事は征服の進行にあわせて行なわれ、半島南東部の港街ブリンディシまで貫通したのは着工から七十年後であった。

その後、ローマからピサ・ジェノヴァを経てガリア（フランス）南岸をめざすアウレリア街道が、次いでローマからアペニン山脈を越えてアドリア海岸のリミニに達するフラミニア街道が着工され、さらに両街道を結んでロンバルディア平原からポー平原にかけての北部イタリアの安定をはかるエミリア街道が着工された。この完成によって帝国はローマ以北の治安維持と北からの蛮族（主としてゲルマン人）への備えが整う計画であった。

エミリア街道はフラミニア街道の終点である東海岸の港町リミニを起点にミラノからガリア中部への入り口であるアオスタをめざして工事が進められ、途中ピアチェンツァで南に方向転換してジェノヴァでアウレリア街道と合流した。そしてやがてカエサルのガリア征服とともにミラノからガリアへの道が整えられることになる。

旅はフィレンツィからアペニン山脈を越えてボローニャへ。ここはヨーロッパ最古の大学が開かれたことで知られ、ポルティコ（建物の通りに面した一階部分が柱廊アーケードになって隣家とつながる建築様式）の街とか斜塔の街としても知られ、長い歴史の面影を伝える情緒豊かな街である。ただこの街については別項「イタリア美術紀行」で紹介してあるので、そちらを参照されたい。

二千年前のエミリア街道と重なるとは言っても当時を示すものは何もない一車線の真っすぐな国

道九号線をミラノに向かって進むと、ポー平原の南端に古い歴史をきざむモデナの町に到着。ここは紀元前六世紀にイタリア半島の先住民エトルリア人が定住したという記録があり、その後紀元前二世紀にローマ共和国が占領して軍団を置き、エミリア街道を西に向かって進めていく。なおローマ人は土木・建築に優れた才能を発揮したといわれるが、その技術はローマ人に先行して半島中部に高度の文明を築いていたエトルリア人から受け継いだもの。ローマ人はその外にも学問・芸術はギリシャ人から・地中海進出に不可欠の造船や航海の技術はギリシャ系植民市であったナポリから学ぶなど、征服民を迫害することなく同化政策をとってその特技を発揮させ、大帝国の建設を可能にした。

その後ゲルマン人の大移動によって西ローマ帝国は滅亡し、モデナの町は他の西欧諸国同様荒廃していくが、やがて数百年の準備期間を経て西ヨーロッパは紀元千年頃から超高度経済成長期を迎える。深いブナ林を切り開きながら急速に発達した農業生産は、各地との交易・商業を発展させてさらに富を生み出し、画家や石工など多数の職人の存在を可能にした。そしてこのような社会の根底からの変革が、石を積んだ巨大なロマネスク建築やゴシック建築の教会などを各地に生み出し、次のルネサンスの時代を準備した。

【敬虔なロマネスクの遺産が残るモデナ】

かかる趨勢のなかでモデナでも富を蓄積した貴族や有力な商人・手工業の親方層が成長し、十二世紀には神聖ローマ皇帝から自治権を獲得して自由都市を実現した。そして十三世紀から東側に隣接するフェッラーラ公国の支配下におかれるが、多くの文人・芸術家を保護してルネサンスの文化を積極的に導入した領主エステ家の政策は、十六世紀末にフェッラーラを教皇領として奪われたエステ家がモデナを首都にしたこともあってそれが普及していく。（エステ家やフェッラーラのルネサンスについても別項「イタリア美術紀行」を参照されたい）

最初に訪れたのは旧市街北側の駅方面から通じるエマヌエレ通りが突き当たるローマ広場とそこに建つドゥカーレ宮殿。十七世紀前半にエステ家が居城として建築に着手した正面四階・左右三階という左右対称の端正なバロック様式で、屋上に多くの人物像を置き各階の窓をすべて異なったデザインにするなど美しい姿を見せていた。完成まで二世紀を費やしたといい、入り口左側にエステ家がその祖先とするヘラクレス像が・右側にこの町を通る街道建設の主導者として名を残す古代ローマの執政官エミリア像が置かれ、現在は士官学校として使われていた。また周囲をカラフルな煉瓦造りの建築に囲まれた広場中央には、最初にイタリア統一を呼び掛けたジーロメノッティの立像が建っていた。

次いで宮殿の後方を真っすぐに進むとエミリア通りと交差する。町の中央を東西に横断して走る旧エミリア街道で、石畳のメインストリートを右（西）側に進むと間もなく街のシンボルであるギルランディーナの塔が建つグランデ広場。隣接するドゥオーモの鐘楼である高さ九十メートル近いこの塔は、下部が窓もない堅牢なロマネスク・先端の軽快な尖塔部分はゴシック様式で、白大理石造りの内部は螺旋階段で上まで通じている。

ドゥオーモはイタリアで数少ない十一世紀のロマネスク様式の代表的建築といい、町の守護聖人ジェミナヌスを祀った美しい教会である。正面から眺めると、中央身廊部分が三階建て・左右側廊部分が二階建てになっており、それぞれに通じる三つの入り口も中央が一段高くなっていた。また身廊部分左右に屋上まで柱が通じ、二階に円頭アーチと列柱からなる装飾を並べ、身廊三階部分にロンバルディア・ロマネスク様式の特徴である大バラ窓をおき、屋上左右に小塔を配していた。そして正面入り口左右の壁には、天地創造やアダムとイヴ・ノアの方舟など旧約聖書の創世記からテーマをとったウイリゲルモの手になるロマネスク特有の素朴な浮き彫りが施されており、左右の入り口の上にも見られた。

左右に置かれたライオン像の間から正面入り口を入ると、左側側廊の壁ぎわに守護聖人の祭壇があり、上に十字架上のキリストなど多くの聖像が・下に聖母子の絵がローソクの光に浮かび上がっていた。その前には跪いて祈る若い女性の姿があり、通りしなに片膝をついて十字を切る人々の姿も眺められた。奥に進むと、中央突き当たりに聖人の棺が置かれ、十字架上のキリストや聖母子像が見られる祭壇があった。また右側側廊の壁には、中央に赤児をおいたキリスト誕生の場面の彫刻がローソクに浮かび上がっていた。

後陣二階に上がると中央が主祭壇で、天井の半円蓋にキリストと聖人のモザイク画が・その下に四人の聖人像が見られた。また一段低いその左側には十字架上のキリストを中心とした二段五連の祭壇画をおく祭壇が・右側には十字架上のキリストのモザイク画を中心とした祭壇がおかれていた。

モデナの街角

そして二階主祭壇前方の空間に、巨大な十字架上のキリスト像が吊されていた。

ドゥオーモに隣接するグランデ広場では物産見本市が開かれ、ワインの試飲をする人などで賑わっていた。またこの広場に面したドゥオーモの外壁には多くの美しい彫刻が眺められ、ドゥオーモの後には中央に時計塔をもつ市庁舎が眺められた。

エミリア通りをさらに進むと、間もなくの右側が広大なノヴィ・サド公園の一角にあるムゼイ宮殿で、ここにはエステンセ美術館とエステンセ図書館があり、ともにルネサンスの時代に学術・文芸・芸術などの保護政策をとったエステ家の収集品を母体としている。美術館にはヴェロネーゼなどヴェネツィア派やコレッジョなどパルマ派の作品とともに主としてスペインで活躍したエル・グレコなどの作品も展示されていて、絵画好きの人には見逃せないところ。

なおこのように二千年以上の歴史をきざむモデナの町は、現在ではフェラーリとかマセラッティなど高級スポーツカーの生産地として若者の間で知られている。

【パルマのピロッタ宮殿】

国道九号線をさらに西北に進むとほどなく次の訪問地パルマに到着。ロンバルディア平原南部の中心都市であるここは、今日サッカーの中田英寿選手が所属したクラブの所在地とか生ハムの生産地・文学好きの人にはスタンダールの名作「パルムの僧院」の舞台として知られる。紀元前二世紀には古代ローマの植民市が建設され、その後リグリア海岸をジェノヴァ方面に向かうアウレリア街道とエミリア街道が山越えの道で結ばれる交通の要地であったこともあり、古代ローマ帝国とともに繁栄した古い町でもある。

そして帝国滅亡後は先のモデナと同様の経過をたどって十一〜三世紀に自由都市として繁栄し、当時の遺産としてドゥオーモや洗礼堂が見られる。その後十六世紀になるとファルネーゼ家出身のローマ教皇によって初め教皇庁領に・後にファルネーゼ侯国領とされ、ファルネーゼ家の政策によりルネサンス芸術が開花してピロッタ宮殿などが残された。さらに十八世紀半ばからの一世紀間はブルボン家の支配下にフランス文化が流入した。

最初に足を運んだのはパルマ河畔に建つピロッタ宮殿。往時のファルネーゼ家の居城で、古い城塞を思わせるルネサンス様式の大規模な建物には、国立考古学博物館やファルネーゼ劇場などがあり、特に三階の劇場の奥から入る国立美術館が広く知られている。ここにはコレッジョの「聖ジロラモの聖母」やマニエリスムの画家パルミジャニーノの貴婦人を思わせる「トルコの女奴隷」などバロック黎明期の作品が多く展示されていた。

また宮殿の裏は広場で、芝生と池とベンチが整備された市民の憩いの場になっており、親子連れなど多くの市民の姿が眺められた。そしてその先右手に見えるオレンジ色の壁と列柱が美しい建物がナポレオンの二番目の妃マリー・ルイズが建てたレージョ劇場である。

【ドゥオーモとサン・ジョバンニ・エヴァンジェリスタ教会】

広場から進むとドゥオーモ広場で、窓の少ない堅牢な構造のドゥオーモがロンバルディア・ロマネスク様式の美しい姿を見せていた。ヴェローナ産の大理石を使った蜂蜜色の外側正面は、入り口の配置や左右のライオン像・上方にある三層の列柱の装飾などに先に見たモデナのドゥオーモと共通点が少なくなく、高い天井と束ね柱が林立する荘厳な堂内を進むと大ドームの装飾が目を奪う。フレスコ画「聖母被昇天」は後のバロック絵画の先駆者として十六世紀に活躍したコレッジョの傑作として知られ、右側の壁には十三世紀のアンテラミによるロマネスク様式の「キリストの降架」の浮き彫りが見られる。

ドゥオーモに隣接して、ゴシック様式の鐘楼とロマネスク様式の八角形の洗礼堂とが美しい対比を見せて建っている。後者はアンテラーミの傑作で、円頭アーチの入り口上部のタンパンに見られる浮き彫りや内部の彫刻群も彼の作品として知られており、十六本の梁に支えられた円天井に描かれたフレスコ画による多くの聖人像には、中世イタリア絵画を支配したビザンチン様式の影響が色濃く見られた。またドゥオーモを挟んでその反対側には、十六世紀の創建という巨大なドームが目につくバロック様式のサン・ジョバンニ・エヴァンジェリスタ教会が建っており、堂内の円天井にキリストと弟子たちを描いたコッレッジョの華麗な「キリストの昇天」や彼による周囲の壁の装飾が印象に残った。

最後にパルマ川の対岸にあるドゥカーレ公園に向かう。広大な公園では豊かな樹木の下の静かな散策が楽しめ、一角にドゥカーレ宮殿の洗練された姿が眺められた。なお小説「パルムの僧院」のモデルになった修道院は陸軍士官学校になっており、見学は不可能。それで国道九号線にかつてのエミリア街道をイメージしながら古都パヴィアをめざした。

【壮麗な僧院で知られるパヴィア】

パヴィアの町は、イタリア半島の東海岸からくるエミリア街道が、スイスやフランスに向かう街道と南に向かって港町ジェノヴァに通じる街道の分岐点にある交通の要地で、紀元前から古代ローマの統治下で栄えた。そして西ローマ帝国が民族大移動のなかで滅亡した後は、先ず東ゲルマン人の一派である東ゴート族が五世紀末にテオドリック王に率いられて侵入し、彼らがさらに半島中南部に南下して王国を建設した後にはロンバルド（ロンゴバルト）族がパンノニア（ハンガリー）を経て移動し、六～八世紀にロンバルド王国を形成してこの町が王都になった。今回の旅では帝国の滅亡と大移動による混乱のなかでローマ帝国の文化遺産保護に努めたテオドリック王の騎馬像を見ることができ、また今日のロンバルディア平原（州）という名称はこの町を首都とした王国の名残である。

最初の見学は町の中央にある三つの広場に囲まれたドゥオーモ。正面から眺めると、それぞれ三つの入り口と丸窓がバランスよく左右対称に配置されているルネサンス様式で、十五世紀末の着工時にはルネサンス最高の建築家と言われるブラマンテや万能人レオナルド・ダ・ヴィンチなどが設計に協力したといい、完成したのは二十世紀前半である。

十九世紀に完成したという八角形の大ドームとバラ窓以外に窓も彫刻もない端正な正面外観をしばらく眺めた後堂内に入ると、側廊の壁に多くの美しい油彩画が眺められ、正面奥の主祭壇には大きな聖母像が安置されていた。

大聖堂を後にして右手（東側）に進むとカヴァネリア広場で、それに沿っているヌオーヴァ通りを右折して進み、すぐに交差するガリバルディ通りに左折して進むと右側にサン・ミケーレ教会が見えてくる。現在の建物は十二世紀建立のロマネスク様式であるが、ロンバルド王国の時代には国王の戴冠式が行なわれた由緒ある教会という。正面は一回り大きい中央入り口両側の柱がなだらかに傾斜する屋根まで通じ、中段に設けられた窓が数少ない装飾の役割をはたすなど、これまでモデナやパルマで見てきたロマネスク建築と共通する特徴が見られ、架空の動物の浮き彫りが珍しかった。

もとの道をたどってヌオーヴァ通りを戻り、カヴァネリア広場を過ぎて菊の花が珍しい花屋や十三世紀の創建というゴシック様式の重厚なサンドメニカ教会・パヴィア大学などを眺めながらしばらく進むと、赤煉瓦造りのヴィスコンティ城である。この町も十一～三世紀には有力商工業者が成長して自治都市となり、ゴシック文化を開花させた。そして十四世紀半ばからミラノ大公国ヴィスコンティ家の支配下に入り、その居城として町の中央に築かれたのがヴィスコンティ城である。さらに十四世紀末の当主ジャン・ガレッアツォの時になると、パヴィアは一時分割された大公国の首都とされた。

十四世紀末からガレアッツォによって着工されたという城は銃眼を備えた城壁が四角形の中庭を囲んでおり、中庭は一般に開放されて市民の散策の場になっていた。また現在城内はローマ時代からロマネスクを中心とした中世にかけての美術品を展示する市立博物館とマラスビーナ美術館として使われていた。

最後に訪れたのが郊外にある期待のパヴィアの僧院で、正確にはカルトジオ会修道院と教会である。前記のジャン・ガレアッツォが自家の墓所として十四世紀末に着工したもので、完成までに三百年を費やしたイタリア・ルネサンスの最高傑作といわれる。

正面に立つと、白や黒など種々の大理石の精巧な彫刻に覆われた壮麗なファサードの全体像が素晴らしく、中央入り口の周囲にはヴィスコンティ家の紋章とともに、キリストとエレミア・エゼキエルなど四人の旧約聖書の預言者のフレスコ画や、多くの小さな彫像を配置して描いたカルトジオ会の歴史が見られた。また入り口横のアマーディオの窓には、受胎告知やキリストの誕生・エジプトへの逃避行といったキリストの生涯など聖書の物語と、この修道院の生みの親ガレアッツォの生涯を描いた浮き彫が素晴らしく、古代ローマ時代のメダルを真似た多くの丸い縁取りの中の彫刻も興味をそそった。

堂内はゴシック様式で、天井を覆う美しいフレスコ画は見る人を自然に敬虔な宗教的雰囲気に導いており、フレスコ画や聖堂・聖人の彫像などで飾られた主祭壇後方に見られるステンドグラスも美しかった。さらに左側の壁ぎわにある第二礼拝堂のペルジーノの「永遠の父」や第六礼拝堂に見られたベルゴニョーネ作「聖アンブロージョ」も、聖人たちを描いた象嵌細工が見られる聖歌隊席と併せて印象に残る作品であった。

また堂内右奥にはジャン・ガレアッツォ・ヴィスコンティの石棺があり、この僧院の鍬入れ式や教皇から僧院として承認された場面などの彫刻が見られた。一方左奥には、ヴィスコンティ家の血統が絶えた後ミラノ公国の統治者になったスフォルツァ家の実力者でルネサンス文化の導入・保護に大きな足跡を残したルドヴィーコとその妻ベアトリーチェの白大理石の石棺があり、装飾には彼がこの国に招いたレオナルド・ダ・ヴィンチの手法がうかがえるという。

最後に足を運んだのが有名な大回廊。一二三のアーチとそれを支える列柱からなり、アーチの間の斜め上にはテラコッタ製の聖人の浮き彫りが並ぶ軽快で美しい回廊が広い中庭を囲んでいた。そして周囲には居間と礼拝堂の二間からなる中庭付きの僧坊（個室）が二三室並んでおり、中庭と回廊と僧坊がつくる空間には先入観もあってか今なお宗教的な静寂さが感じられた。

修道院に必ず見られる回廊はここでの生活の中心をなす瞑想を行なうための場で、修道士はこの個室と回廊で祈りを捧げ瞑想の時間を過ごし、余分の時間を自給自足を原則とする生活を維持するための農耕など各種の労働や、古写本の筆写・イコン（礼拝用の聖画）の製作などに当てた。出口の売店に並んでいた蜂蜜はその産物という。

また回廊に隣接して食堂があった。装飾もない質素な薄暗い部屋であったがここも日本の禅寺と同様に修業の場で、修道士は自分たちで耕し生産し醸造した野菜やパンとワインを食卓に並べ、ひたすら神に感謝しながら沈黙のなかで食事をした。なお沈黙は修道院生活の基本で、瞑想中は勿論のこと勤労や食事の際も守ることが課されていた。ただ賛美歌など儀式の際の発声や院長などの説教とともに例外とされたのが、食事の時の説教。一人の当番者が立ち、聖書の一節の朗読とか解釈・神への感謝・殉教した先人への賛辞などを述べた。ここの食堂には、そのための演壇が一段高く設置されていた。

今は創立当時のカルトジオ修道会とは異なる宗派の修道士八人が生活しているという僧院からの帰りぎわ、二人の修道士が印象に残った。ひとりは大回廊で接したアフリカ系の修道士で、僧院の改修費として帰りにいくばくかの寄進をと初めに言われていたのでコインを差し出すと、強く息を吐いて露骨に不満を表し、そのふてぶてしく横柄な態度からは修道士らしい雰囲気が微塵も感じられなかった。他の一人は僧院を囲む堀に架かった橋の上に立ち無言で見学者を見送っていた若い修道士で、修業生活への失望とも外界への羨望とも感情の喪失とも精神の退廃とももとれる複雑な眼差しがいつまでも心に残った。

これまでもブルガリアのリラの僧院とかギリシャのメテオラの修道院などいくつかの「現役」の修道院を回り、いずれも歴史的存在としての敬虔一途という修道院と修道士への先入観にもとづいて何気なく眺めてきたが、物質万能の「乾いた」現代社会において修道院における精神生活がどうなっているのかという、迂闊にもこれまで考えたこともなかった新たな興味が今回強く心を捕らえた。

colonna

【大聖堂と司祭・司教】

一般庶民と日常的に接触する村や町の小さな教会に神父（司祭）がおり、その上の、例えば郡や県といった地域の教会を統括する教会にいるのが司教で、その司教がいる教会を大聖堂・ドゥオーモ・カテドラルなどと呼んでいる。そしてその上に大司教がおり、頂点にローマ教皇が君臨した。それ故、教会の規模が大きいからといって大聖堂と呼ぶことは誤りである。なお西ヨーロッパではローマ帝国の崩壊後、都市や地方の実権は少数の大地主の手に握られ、各国内の行政区やそれと重なる教会組織の教区も、ローマ帝国時代の行政区をほぼ踏襲した。そして教会を外敵から保護し多大な経済的支援を行なった彼らは連携して司教・大司教や大修道院長などに一族を送り込んで高級聖職者の地位を独占し、宮廷にも多くの高級聖職者を送り込んだ。それ故、ルネサンス期の歴代教皇が半ば公然と妻子をもつなど教会や修道院が世俗化し腐敗することは避けがたかった。

【ロマネスク様式とゴシック様式】

西ヨーロッパにおいては十一世紀に入ると大開墾時代と呼ばれる農業生産の飛躍的な発展を基礎に社会が安定し、それを背景に十三世紀まで、研究者に史上最大規模の高度成長期と言わしめるまでの猛烈な建築ラッシュが続く。そしてその前半がロマネスク様式と呼ばれる建築、後半がゴシック様式と呼ばれる建築が主流になった。

ロマネスク建築の最大の特徴は、建物全体にそれまでの木造に代わって石造天井（ヴォールト）を架けたことと、入り口や窓の上部がローマの伝統である半円アーチになっていることであり、各地の建築に顕著な特徴が見られるように地方主義である。そして建物全体の膨大な重量を支えるため、壁は厚みを増し窓を少なくして強化をはかり、また柱もより太くなった。それ故内部は暗く、それが小さな窓からのわずかな光によって教会の神秘的な雰囲気をつくるのに役立っていた。また高さもおのずから制限された。

装飾としては内部のモザイク画やフレスコ画のほか、柱が天井や壁に接する柱頭部分の彫刻がローマの伝統である植物模様に人物や動物が加わるなどしだいに多様化し、また入り口の上部のアーチ形壁面（タンパン）や両側の壁には聖書の物語などの彫刻が施されるようになる。そして柱頭の彫刻を主とするロマネスクの芸術は、写実から遠い抽象的表現が特徴になっている。このようなロマネスク様式の建築は、紀元千年からの終末思想やクリュニー修道院による教会刷新運動の広がり、更にはスペイン西北部の聖地サンティアゴ・デ・コンポステーラへの巡礼路の整備の過程で、十一世紀初頭から修道士の主導による修道院建築を中心に西欧全体に普及していった。そして十二世紀からゴシック様式に建て替えられたものが多いが、今回の旅行で回ったなかでは、モデナのドゥオーモやピサの大聖堂などがこの様式の代表的な例である。

一方ゴシック建築の最大の特徴は、入り口上部や窓の尖頭アーチと飛梁（フライング・バットレス）とX字形のアーチで支えられた尖頭アーチの石造天井（交差リブ・ヴォールト）である。

飛び梁は屋根の重量を壁とともに分散して支えるため壁の外側に設置されたもので、今回の旅行ではミラノの大聖堂の屋上に登ると目の前に眺めることができた。また交差リブ・ヴォールトは、石造天井を支えるX字の曲支柱が多くの縦柱と連結することで重量を分散して支えるもの。そして尖頭アーチは半円アーチより重力に強くなっている。このような構造で重量を分散できるようになった結果、壁を薄くし多くの窓を設けて明るい光を取り入れることも、百メートルを超す高い塔を乗せることも可能になった。

装飾としては、観念的な聖伝が多いロマネスク様式に比べてより人間味が感じられる多くの彫刻を入り口上部の尖頭アーチ形壁面（タンパン）や扉・堂内の壁・祭壇などに配置し、さらに天をめざす尖塔を中心に大小の塔や彫刻で屋上や飛梁を飾り、これまで以上に軽快で壮麗な姿を見せるようになった。なおこの様式の大きな特徴であるステンドグラスは、文盲の庶民に聖画を見せることで視覚的に信仰に導く効果と、神の息吹として色彩に富んだ幻想的な光を取り入れることで宗教的雰囲気を深める効果を狙っているといわれる。

このようなゴシック様式の建築は、十二世紀から諸侯の上に立つ王の教会としてフランス王の直轄地に先ず建てられ、次いでフランス王の勢力の強化とともに同一様式で西欧体に広がった普遍主義が特徴である。イタリアでは、この様式を野蛮なゴート人の様式として北部を除きあまり採用されなかったが、今回の旅で回ったなかではミラノの大聖堂がこの様式の特徴をよく備えていた。なお両様式とも絵画や彫刻はまだ建築を飾る要素としての位置にとどまり、それ自体として独立して製作されることは稀であった。

【ルネサンス様式とバロック様式】

イタリアで生まれ十五世紀から本格化するルネサンスは古代ギリシャ・ローマの人間中心主義や均整・調和・安定を基本とする古典文化に学びながら展開されたので、建築においては、大ドームや列柱を多用し、従来のゴシック様式に見られた窓や入り口上部の尖頭アーチは直線になり、また高い塔や煩雑な装飾に代わって横の線を強調して左右対称の明るく端正な姿が一般化した。今回の旅では、パヴィアの僧院やミラノのスフォルツェスコ城の正面などが典型的である。

一方十七世紀初頭にローマで生まれたバロック芸術は反古典主義を掲げ、量塊感や劇的な表現・壮大さや無限感などを重視した。また多くの彫像などで複雑華麗な装飾を施し、好んで歪み・曲線を用いてうねるようなカーブを描く壁面を構成する。ただ直線の窓とか左右対称の建築などルネサンスの様式を受け継いだ面も少なくなく、それを装飾する彫像などはより現実的・官能的傾向を強めた。今回の旅では、トリノのサン・カルロ広場のカリニャーノ宮殿やモデナのドゥカーレ宮殿・ジェノヴァの王宮などはその例である。

またバロック建築はしばしば広場の空間と一体のものとして構想され、ローマのサン・ピエトロ広場やナヴォナ広場・トレヴィの泉のようにモニュメンタルなオベリスクや噴水などを囲んで建てられた。今回眺めたグエリーノ・グアリーニの設計によるトリノのサン・カルロ広場もその例である。

イタリア美術紀行

ミラノからローマにいたる田舎町を中心にたどる

クールマユール
マジョーレ湖
ボルツァーノ
オルティセイ
コルティナ・ダンペッツォ
ドロミテ渓谷
モンブラン
コモ湖
ガルダ湖
アオスタ
ベルガモ
ノストラ・シニョーラ・ディ・オローパ
ミラノ
パヴィア
ヴェネツィア
マントヴァ
パドヴァ
フェラッーラ
トリノ
ボローニャ
モデナ
ラヴェンナ
イーモラ
ジェノヴァ
リミニ
フィレンツェ
チンクエテッレ
パルマ
ピサ
サン・マリノ共和国
サンジミニャーノ
シエナ
ウルビーノ
アッシジ
ペルージャ
スポレート
コルシカ島
ローマ
アルベロベッロ
ソレント
カプリ島
マテーラ
サルデーニャ
シチリア島
レッジョ・ディ・カラーブリア
パレルモ
タオルミーナ
メッシーナ
アグリジェント
シラクーサ
ピアッツァ・アルメリーナ
マルタ島

今回は、ローマやミラノなどよく知られた大都市とともに、その間に点在する小都市に焦点を当てた旅を試みた。

ゆく先々の古い町には、狭い石畳の通りとかその両側の三階建て四階建ての古い建物・さらにはその中心にある昔ながらの建造物に囲まれた静かな広場など、五百年・千年という時間をタイムスリップしたかと錯覚させる景観が残っており、人々はその景観に溶け込むかのように配慮しながら店をかまえ、ゆったりと・質素に・たくましく生活していた。

またそのような町の一角にひっそりと建っている古い教会などに入ってみると、外からは想像もつかなかった美しいフレスコ画や白大理石の聖像などが薄暗い堂内に見られることがあり、祭壇に向かって長い祈りを捧げている老婆の姿も珍しくなかった。

そしてこのような古いままの景観が、旅人にイタリアの中世やルネサンス期の雰囲気をより強く感じさせてくれ、ローマとかフィレンツェなどに見られる華麗で壮大な遺構とは一味違った感慨を呼び起こしてくれた。

「最後の晩餐」に堪能したミラノから独自のルネサンス文化を開花させたベルガモへ

【「最後の晩餐」とサンタ・マリア・デレ・グラッツィエ教会】

ミラノのサンタ・マリア・デレ・グラッツィエ教会の元修道院に残っているレオナルド・ダ・ヴ

インチの「最後の晩餐」は、前回期待して訪れた時はまだ修復中で見ることができなかったので、今回の旅でも最大の目玉の一つであった。

作品がある元修道院の食堂に向う通路に、先の大戦で被災した時の写真が展示されていた。防護壁が絵を奇跡的に守ったとのことであったが、建物が無残に崩れ落ちている光景から、着弾があと一メートル近ければこの貴重な世界遺産は永遠に失われていたという説明に十分うなずけた。

最後の晩餐は食堂の台所側の壁一面に描かれており、新約聖書が記すキリストの「汝らの一人、我を売らん」という言葉が発せられた瞬間の様子が見事に表現されていた。彼らが並んで坐っている部屋の後方の窓には遥かな山が描かれており、その前に両手を広げて一人静かに座って口を閉ざそうとしているキリストと、予想もしなかった突然の告発を聞いて今まさに騒然となりかけた左右に三人一組で描かれている弟子たちの表情や身振りが、生きた人間さながらに個々に描き分けられていた。またキリストの第一の弟子ペテロが漁師だったことから、食卓にはパンなどとともに魚の切り身が描かれていた。

そこには、人体解剖を重ねるなどして体得した観察眼と当時確立され彼によってより現実的なものに深められた遠近法や明暗法、そして数学的に裏付けられた安定感ある構成といった手法が用いられ、衝撃を受けた一人ひとりの心の動きまでが克明に表現されていた。

十三人を一列に配しながら使徒の頭の傾きや姿勢に変化をもたせて平板化を防ぎ、また両脇の使徒を手前に中央部の使徒を奥に描き、イエスの頭上に焦点をおくことで奥行感を見せている。既に

ミラノ／サンタ・マリア・デレ・グラッツェ教会（後陣円筒部分がブラマンテ作）

ローマやフィレンツィで最高級の名声を博していた彼は、ミラノの摂政ルドヴィコ・スフォルツア（イル・モーロ）にこの地に招かれ、この名作を残している。

なお彼は、当時主流であった漆喰が乾く寸前に直接描いて顔料を壁にしみ込ませるフレスコ画の技法は用いず、正確な表現をめざして油絵に終始した。後に傷みが進むたびに修復を繰り返したのはそのため。また作品は、後に食堂から台所への通路をつくるため絵もろとも壁を打ち抜いたため、キリストの足元を中心にかなりの部分が欠落していた。

「最後の晩餐」とは反対側の壁には、ジョヴァンニ・モントルファーノの壁画「十字架上のキリスト」が見られた。三本の十字架が立ち、その上に新約聖書の記載にもとづいて中央にキリスト、左右には彼と無関係であった泥棒が括られていた。そしてそれを囲んでユダヤ教の聖職者やローマの兵士などの群衆が描かれていた。なお聖書によると左手の泥棒はキリストが語りかけた言葉を信じたので天国に導かれ、右手の泥棒は逆にキリストを冒涜する言葉を吐いたので地獄に落とされたという。

サンタ・マリア・デレ・グラツィエ教会は元修道院の「最後の晩餐」があまりにも有名なのでそれ以外の関心は薄いが、教会後陣の純ルネサンス風の均斉と調和が見事な大クーポラは、イタリアルネサンスを代表する芸術家のひとりブラマンテの設計で、ゴシック様式の重厚で茶褐色の身廊とは対照的に、軽快で瀟洒な姿を見せていた。また三廊式の堂内に入ると、聖歌隊席やドミニコ派の聖人像など美しい彫刻と絵画が目を楽しませてくれた。

【スフォルツェスコ城】

次に向かったのがドゥオーモと並んでミラノの顔になっているスフォルツェスコ城。内部は博物館になっており、一階はローマ時代から初期キリスト教時代にかけての展示室が続いた後、最後にここの目玉であるミケランジェロの遺作となった未完の「ロンダニーニのピエタ」が置かれ、二階はヴェネツィア派を中心とした作品が多く見られる絵画館とか珍しい楽器博物館になっているが、これらについては別項「北イタリアの自然と歴史を尋ねる旅」と前著「魅惑のヨーロッパ20ケ国の旅」(東洋出版)で紹介したので省略する。

なお前回は修復のため足場とテントに覆われていて見ることができなかった正面入り口の時計塔

は、後の時代のコピーながらルネサンス様式特有の左右対称の美しい姿を見せてくれた。そして寒風に身をさらしながら眺めているうちに、名もない一介の土豪から身を起こして傭兵隊長として頭角をあらわした父の後を継ぎ、ついにはイタリアの五大勢力のひとつミラノ公国の当主にまで登りつめたこの城の完成者フランチェスコ・スフォルツァの、塔の頂上から一帯を睥睨する得意満面の姿が連想された。

【サンタンブロージョ教会とサン・ロレンツォ・マジョーレ教会】

その後、前回の旅では期待をもって到着しながら昼休みのため開館が二時間後とわかり、時間に追われて先を急いだサンタンブロージョ教会に向かった。ここは四世紀にローマ帝国におけるキリスト教の公認と布教活動で不滅の功績を残し、この地でも最初の教会を建てるなど教会隆盛の基礎を築いた町の守護聖人アンブロージョ（アンブロシウス）を祀ったもので、長い時間を経たことを思わせる入り口の門を入ると、いきなり五つのアーチからなる赤茶色の煉瓦造りのファサード（建物正面）が目に飛び込んできた。

これは十一～十二世紀の建物というが、右が九世紀・左が十二世紀に造られたという高さの異なる長方形の二つの鐘楼に挟まれ、落ち着いた色調と量感に満ちた壁に支えられて重厚な安定感と素朴さを感じさせる美しい姿で建っていた。そしてその手前には、十一世紀のものというアーチと列柱が造り出した美しい回廊と、それに囲まれた中庭が静まり返っていた。それは、天をめざして中空高くそびえる尖塔などゴシック様式の鋭角的な美しさとは異質の、見る人に心温まる思いを抱かせるロマネスク様式特有の美しさで、ロンバルディア・ロマネスクの最高傑作と讃えられてきたことがうなずけた。

堂内は列柱で区切られた三廊式の構造で、最奥の主祭壇上部の天蓋にはキリストとアンブロージョの物語を描いたビザンチン様式の金色のモザイク画が目をひき、その下には九世紀のものという金銀や宝石で飾られた華麗な黄金祭壇が置かれていた。

また主祭壇を巻いて裏側に回ると地下礼拝堂の前に至り、飴色の漆喰で固められたアンブロージョのものと思われるミイラ状の遺体が、きらびやかな聖衣に包まれ、天使と聖人たちの像に祝福されるかのように薄暗いローソクの光に照らされて横たわっていた。

そこから再び身廊に戻ると左右の側廊には宗教画と彫刻に飾られた多くの礼拝堂が続いていた。多くの教会に見られるこのような礼拝堂は教会が「分譲」したものといい、地位や財力のある人たちが永代の救済を願って寄進する多額の代償が教会の大きな収入源になった。そのため、新たな分譲を目的に側廊の増築をする場合も珍しくなかったという。

その中の一つで特別の入場料を払って入ることができるのが、主祭壇に向かって右手奥にあるサン・ヴィットーレ・イン・チェル・ドーロの礼拝堂。アンブロージョの肖像画などいくつもの五世紀のモザイク画が残されており、黄金の祭具や豪華な聖衣も展示されていた。有名なラヴェンナの一連のモザイク画より古く、先年見たローマのサンタ・マリア・マジョーレ教会に残るものと同時期の遺産で、長年の念願を果たすことができた。

しばらくして身廊に戻り、太い石柱の束や初期ロマネスクのごく簡素な柱頭の彫刻などを眺めていると先生に率いられた小学生の一団が入ってきたので、近くにあるサン・ロレンツォ・マジョーレ教会に向かったが、ヨーロッパを旅行しているといつも見る風景ながら羨ましいかぎりである。

教会前の広場には四世紀初めに「ミラノ勅令」を出してキリスト教を公認した古代ローマ皇帝コンスタンティヌスのブロンズ像のレプリカが見られ、また四世紀にこの教会の柱廊を造るためにローマの神を祀った神殿を解体して運んだという十六本の巨大な石柱が電車通りに面して残っていた。イスタンブールのアヤ・ソフィア大聖堂など他の教会でもしばしば見られることであるが、お寺参りをし神社にも詣でるなど多神教の宗教的寛容性を常識とするわが国では、伊勢神宮の柱を解体して法隆寺の柱として使うなどという発想はありえないことである。

この教会は何度もの改築が繰り返されて創建当時のものは見られないが、薄暗い堂内は太い八角形の石柱と厚い壁に支えられており、主祭壇の十字架上のキリスト像やその下の聖母の祭壇画・左側廊奥の古いピエタ像などが、往時の荘厳な雰囲気をよく伝えていた。

また右手奥には、入り口の鉄格子の扉に「二ユーロを払ってお入り下さい」とイタリア語・英語・日本語で表示されたアクィリーノ礼拝堂があった。係員を探して中に入れてもらうと、右側の半円形の天井にキリストを中心にしてその弟子たちが横一列に並んだ華麗な大モザイク画が見られた。後にラヴェンナのサンビターレ教会やシチリアのモンレアーレ大聖堂などにも受け継がれるビザンチン様式の定番構図である。

モザイク画は色ガラスや金銀・宝石などをはりつけて描くため埃で汚れることはあってもフレスコ画のように変色や薄れることがなく、語りかけるかのような表情や華麗な衣裳が四世紀に作られたままの鮮明さで金色燦然とした輝きを保っていた。一方やや離れた左手の半円形の天井には羊飼いの少年たちのモザイク画が見られたが、右手の天井画に劣らず美しいこの絵は、戦乱によるのか残念ながら中央部が大きく剥落していた。

ミラノからベルガモに向かう高速道路の両側にはポー川流域のロンバルディア平野が広がり、肥沃な一帯は小麦やトーモロコシ・柑橘類などの農業と繊維工業・観光業などが盛んで、イタリアでも裕福な地域といわれる。

【ベルガモとコッレオーニ礼拝堂】

その間をしばらく走ると、車窓はるかの丘の上に密集した集落が姿を現した。めざすベルガモの旧市街である。この町は古代から丘の上のベルガモ・アルタ（高い町）を中心に形成され、十一～十三世紀には豊かな経済力と城壁に囲まれた丘の上という地形を生かして自治都市の権利を獲得し繁栄した町で、今日商工業都市として活況を見せている丘の麓のベルガモ・バッサ（下の町）は近代になって形成された地域である。それ故観光の対象である歴史的遺産の大部分は前者に集中している。

丘の中腹を巻くようにして登ると、十三世紀から十八世紀までこの町を支配下においたヴェネツィア共和国によって築かれた城壁が丘を取り巻いているのが眺められた。そこからヴェネツィアの紋章である有翼のライオンの紋章を掲げた東の門をくぐった後にバスを降り、間もなくこの町最古の遺産という十一世紀の堅牢なアダルベルト塔に至る。そしてさらにサンタレッサンドロ門をくぐり十四世紀の城壁を利用したという博物館チッタデッラの側を通り過ぎ、古くからのメインストリートという狭い石畳の坂道コッレオーネ通りを進むと、急に視界が開けてベルガモ・アルタの中心であるヴェッキア広場にでた。

ヴェッキア広場には中世以来の赤い石畳が敷き詰められ、その中心に十七世紀のものという数頭の白大理石のライオンが囲む噴水がおかれ、美しい色彩の対照をなして目を楽しませてくれた。そして正面には、十二世紀の建築という旧市役所ラジョーネ宮がヴェネツィアの紋章であるライオンを掲げて長い歴史を感じさせる素朴な姿を見せており、その右手に建つ四角形の高い市民の塔とあいまって中世さながらの雰囲気をかもしだしていた。

塔との間の狭い道を通って宮殿の裏に回ると、正面にサンタ・マリア・マジョーレ教会とコッレオーニ礼拝堂が隣あわせで美しい姿を見せていた。前者は十一世紀末にロマネスク様式で建てられたものが十四～五世紀に改修されて現状になったというが、下の部分は創建当時のロマネスクのままで、四角錐の頂点を外側に張り出させて整然と並べたピンクの大理石の壁を、列柱や大バラ窓・彫刻などで飾った正面の構造が美しかった。

堂内は十七世紀にバロック様式に改修されており、壁から天井にかけての黄金のきらびやかな装飾や主祭壇の天井の華麗なフレスコ画が目をひいた。そして一角にはモーゼの物語を描いた古いフレスコ画が残っており、また二五枚の巨大なタペストリーもすばらしかった。フィレンツェの職人の手になるというが、処刑されたキリストと二人の泥棒が十字架上に描かれた一枚のみフランドルの職人の手になるという。

一方隣に建つ華麗なコッレオーニ礼拝堂は、ベルガモの有力な傭兵隊長でヴェネツィアから招かれ従軍してこの町に富をもたらしたコッレオーニに捧げられたものである。軽快な柱に支えられたバルコニー風の部分を色大理石のはめ込み模様や彼の騎馬像などの彫刻で華麗に装飾したこの建物は、多くの芸術家を集めてルネサンスを開花させた近隣の大国ミラノとも、この町を支配した政治・文化の大国ヴェネツィアとも異なる、この都市国家が独自に開花させたロンバルディア・ルネサンスの最高傑作として知られている。

中に進むと、テーポロの手になるすばらしいフレスコ画が見上げる人の心に感動を与えてくれ、右側にあるヨハネなどのバロックの礼拝堂も印象的であった。なおここには、コッレオーニとその妻、そして十四歳で亡くなった娘の墓もあった。

なおルネサンス期前後にはこの町のコッレオーニや先にふれたミラノ公フランチェスコ・スフォルツァ、さらにはマントヴァ侯フランチェスコ・ゴンザーガーなど多くの傭兵隊長が歴史に名を留めている。常備軍の制度がなかったこの当時、各国とも戦争は傭兵によって行なうのが普通で、多くの部下を抱えた傭兵隊長は報酬の多寡によって各地の都市や国家からの誘いに応じて戦った。それ故富を貯える傭兵隊長が珍しくなく、また彼らが部下の損失を恐れて激しい戦闘を避ける傾向が強かったので、当時の戦争は中途で終わることが多かった。本格的な常備軍を惜し気もなく消耗するようになったのはナポレオンからである。

教会と礼拝堂の左手には壮麗なドゥオーモが、右手には八角形のかわいらしい洗礼堂が建っていた。後者はヴェローナ産という赤い大理石が使われ、窓のない一階と多くの列柱が飾る二階、そしてそれぞれの角に聖人の像を乗せた屋根が美しいバランスを見せていた。

再びヴェッキア広場に戻って噴水の側に立つと、周囲は宮殿や大学・図書館・多くの商店などに囲まれながら、中世さながらの雰囲気を保っていた。また先に通ったコッレオーネ通りからその反対側に下っているローマ時代以来のメインストリートというゴンビート通りも、石畳の狭い通りの両側に長い年月を経た煉瓦や石の集合建築がほぼ同じ高さで続いており、思わず中世にタイムスリップしたかの錯覚さえ抱かせた。

そこには多くの店が並びながら広場や道路にはみ出した看板や自販機のたぐいはまったく見られず、入り口にすら名前を記さない店が多く、観光客を含めて通行人はガラス窓越しに店の営業品目を目にして用を足していた。そして町は呼び込みの声も客寄せのレコードの音もなく静まり返り、思いがけない餞別をくれた息子の新妻のためにジーンズのワンピースを求めた店では、初老の主人が静かななかに温かい雰囲気を感じさせる態度で接客していた。

営業や道路に面した表側の改修にあたっては、歴史的環境を守ろうとする長い伝統が人々の間に根付いているように感じられた。そしてこのような姿はイタリアのみならず北欧のフォールドの奥の小村にいたるまでヨーロッパ全土に共通しており、売らんかなの商魂をぶっつけ合ってせっかくの環境を台無しにしている日本各地の「歴史的景観保存地域」の現状を振り返った時、いつものことながら「文化」の違いをつくづく感じさせられた。

それは、伝統を大切にし質素な生活を頑固に守ってきたヨーロッパがイギリス病やイタリア病を克服して巨大なユーロ圏をつくりあげた現実を目のあたりにして、古いものをすべて捨て去り、環境も倫理観も心のゆとりも犠牲にしてひたすら利益追求に明け暮れて成し遂げた日本の「経済大国」が、実は少数の巨大企業をつくりだしただけで長い不況からの脱出もできない底の浅い仇花にしか過ぎなかったことを思い知らされたことでもあった。

帰りはケーブルカーで一気に麓まで下ったが、遥か彼方まで緩やかな起伏が続く丘の上からの眺望も、麓から見上げる古い町の眺めも、ともに忘れがたい印象を与えてくれた。

なお今回の旅ではいくつもの丘の上の町を訪ねたが、これらの多くはローマ人より先に半島中央部に高度の文明を形成したエトルリア人の町に起源をもつ。彼らは頂上に平地をもつ丘の上にそれぞれ都市国家を築き、統一国家を形成することはなかった。そしてローマの傘下に入った後は市民権を認められ、軍道や劇場・水道橋などローマ帝国の遺産を象徴する大規模な土木事業においてそれまでの高い技術を発揮して大きな役割をはたした。ローマは一日にして成らずという言葉があるが、それは征服を繰り返す度にその地の伝統や信仰を許容しながら人々に市民権を与え、彼らの先進的な技術や知識を活用することで成し遂げられた。

水の都ヴェネツィアで華麗なルネサンスの香りを満喫

【コッレール博物館】

到着後昼食までかなり時間があったので、ルネサンス期からナポレオン時代までのヴェネツィアの生活ぶりを伝える展示品が多いことで知られるコッレール博物館をのぞいてみた。広場をはさんでサン・マルコ寺院の向い側にあり、ドゥカーレ宮殿や鐘楼などとの共通の入場券を示して二階の入り口から入ると、西アジアとの貿易でもたらされた壷などの陶器類やゴンドラの設計図・多くの武器類・いくつもの古い地球儀・当時のメニューなどが見られ、地中海貿易を支配したガレー船の克明な模型は特に印象的であった。

また絵画館では、ベッリーニやカルパッチョなどヴェネツィア派の作品が並ぶなかに、遠近法などの新しい技法を駆使したことでイタリア芸術に新風をもたらし、レオナルド・ダ・ヴィンチなどの先駆者に位置づけられているアントネッロ・ダ・メッシーナの「ピエタ」がみられ、思いもかけなかったブリューゲルなどフランドル絵画も展示されていた。

昼食後、ヴェネツィア観光の中心サン・マルコ広場を後に、運河に架かるいくつもの小さな橋を渡りながら曲がりくねった狭い道をアカデミア美術館への標識に導かれながらひたすら西に向かうと、大運河に架かる四本の橋のうち唯一木造のアカデミア橋に出た。橋は運河を通る船の便を考慮してかなり高いアーチを描いており、鈴なりの観光客が両岸に白亜の大殿堂サンタ・マリア・サルーテ教会などが並ぶそこからの絶景に見入っていた。

【美の殿堂アカデミア美術館と白亜の大殿堂サンタ・マリア・デッラ・サルーテ教会】

アカデミア美術館は橋のたもとにあり、ヴェネツィア派の名画を多く収蔵することからヨーロッパで最も重要な美術館のひとつに数えられている。前回の旅では時間の関係から涙を飲んだ所で、今回は十分に時間を費やすつもりで訪れた。

最初の部屋は中世の祭壇画やイコンなどの展示室で、輝く金箔を背景に写実とはかけ離れたビザンチン様式特有の神秘性を強調した聖人像などが続いていた。これらの絵画は、目に見えない神とその世界を視覚化することが目的で、信者の神への信仰を深める手段として描かれたものである。そのため神や聖人は見る人に相対して前を向き、現世を描写する遠近法や写実などの手法を意図的に排して画面を抽象化し平板化している。それは技術的な稚拙さのためではなく、作品の制作目的・存在意義からくる必然的結果であった。

華麗な色彩と写実的な描写を特徴とするヴェネツィア派の作品は第二室からで、事前にリストアップしておいた作品を探しながら、レオナルドの科学的厳密さやミケランジェロの雄渾な豪放さとも、ラファエロの聡明な優しさとも異なる、官能的で詩情豊かに愛と自然を描きあげた作品を心ゆくまで観て回った。

ベッリーニの「聖母と聖人たち」やマンテーニャの「聖ジョルジョーネ」の前に足を止めた後眺めたジョルジョーネの「嵐」は印象的であった。当時の常識である神話などの主題がないことで知られ、沸き上がる黒い雲と揺れる樹木を背景に、川岸の石の上に坐って幼子に乳を含ませる肩に白い手拭を乗せただけの半裸のジプシー女と、対岸に槍を持って立つ赤い服の兵士を対峙させた作品で、全体の濃い色彩や豊満な女体の官能的な描写はヴェネツィア派の典型を思わせた。そして、フィレンツェのピッティ宮殿で見た「野帰り」の自然描写や一連の美しい官能的な女体描写で知られるルーベンスとの関連を推測させた。

また肩と頭に乗せた布に光を当てて色彩の濃い背景のなかに浮き出たせた同じ展示室の彼の作品「老婆」は、長い貧苦の人生を顔の深いしわに刻み込み半ば口を開き横目で作者に視線を向けた表情が写実を超えた人間性の表現といわれ、独特の色彩や効果的な光とともに印象を強めていた。なおこの老醜の「老婆」は、彼が恋人をモデルに女性の理想像の一つとして描いた「嵐」のジプシー女と形態的にきわめて共通するといわれ、恋人が年を重ねた姿を空想して描いたものではないかという説もあるという。

そこからベッリーニの一連の聖母子像を眺めた後、ヴェネツィア派の最高峰といわれるティツィアーノの作品の前でしばらく時間を費やした。少女時代の伝説をテーマにした「聖処女マリアの宮詣り」は、金色の光に包まれた少女マリアが神への奉仕に身を捧げるため壮麗な神殿の柱廊に通じる階段を一人で登っていく姿を焦点にしており、それを階段の下から多くの老若貴賤の群衆とともに両親のヨアキムとアンナが見上げ、上では従者を連れた一人の高僧が驚いた表情で迎えている様子が、表情豊かに生き生きと描かれていた。

また彼の未完の絶筆という「ピエタ」は大きな厨子を後にした独特の構図で、聖母に抱かれて息を引き取った正面のキリストの静と、その左手に立って泣き叫ぶマグダラのマリアの激情的な動の対照が、暗い背景とキリストや背後の厨子に当てられた光との対称とともにテーマの神秘性を強く印象づけていた。次いで「洗礼者」など彼のいくつかの作品を眺めた後、新約聖書に題材をとったヴェロネーゼの「レヴィ家の饗宴」の前に足を止めた。

この作品は本来「最後の晩餐」として描かれたもので、神の神聖さを冒涜するものとして宗教裁判にかけられた結果、三ヵ月以内にキリストを囲む道化師などを描き改めるよう宣告され、それに不満の彼が主題を「レヴィ家の饗宴」と改めて宣告の履行を逃れてしまったものである。豪華な邸宅に招かれた大勢の人物がそれぞれ個性をもって生き生きと描かれた華麗な作品で、以前パリのルーヴル美術館で見た新約聖書の伝えるキリストの奇跡を描いた同じ作者の「カナの婚礼」を思い出した。

また彼の「聖カタリナの結婚」もすばらしかった。これまでヴェネツィア派の多くが用いてきた夕暮や夜の場面などで光と陰を強調する手法から脱し、白昼の明るい光のなかにそれを描きだしたと評価されている作品で、聖母に抱かれた幼子に片手を差し伸べている情景を、それを祝福する多くの天使たちとともに色彩豊かに華麗に描かれていた。

次のお目当てはティントレットの「聖マルコの遺骸の運搬」。ヴェネツィアは聖マルコを守護聖人にしており、この作品は以前ミラノのブレア美術館で見た「聖マルコの遺骸発見」などとともに彼が残したマルコに関する一連の作品のなかのひとつである。もともとマルコの遺体があったエジプトのアレキサンドリアから、二人のヴェネツィア商人が奇計を用いて運び出したという伝説をテーマにしている。

　暗黒の雲に稲妻が乱れ走る激しい嵐に驚いた人々が一斉に壮麗な建物の柱廊に駆け込む様子や、倒れながらやっとのことでラクダの手綱を握っている少年などを背景に、それまで引きずり回されていたマルコの遺体が置き去りにされているのを見たキリスト教徒がそれを抱え上げてまさに運び去ろうとする瞬間を描いている。なお前項で紹介したようにサン・マルコ寺院は、この時に運ばれてきた遺体を葬るために建てられたものといわれている。

　さらに「アダムとイヴ」を見た後に偶然見つけた「プロヴァンスの奴隷を救う聖マルコ」もすばらしかった。光を浴びて横たわる奴隷の白い裸体と、それを取り囲む大勢の群衆一人ひとりの衣服の濃い色彩にみる光と陰の対比や、衣をひるがえしながら空を飛んで人々の上に現れ危機にひんした奴隷を救済するマルコの姿が、瞬間的動きのなかに劇的に描かれていた。

　次いで眺めたカルパッチョの「聖十字架の奇跡・悪魔つきの治癒」は聖十字架の断片が引き起こした奇跡を描いていたが、木造のリアルト橋を中心に周囲の建物や運河を行くゴンドラなどが克明に描かれていて当時の様子がわかり、興味深かった。

　途中何度も椅子に腰を下ろしながら、この作品で予定していた作品をようやく一巡したが、名残惜しい気分もあって今度はやや早足でもう一度同じ展示室を回っているうちに、偶然ベリーニの「サン・マルコ広場での聖十字架遺物の行列」を見つけて足を止めた。サン・マルコ寺院を背景正面におき、キリストが磔にされた十字架の木片を納めたという黄金の厨子を中心にした大勢の聖俗の行列を描いたものであるが、向かって右側の鐘楼がないものの寺院から広場一帯が現在とほぼ同じ景観をなしていたことに驚かされた。

念願の美術館を後に橋の手前で右折し、鍵形に繰り返し折れる細い道をサンタ・マリア・デッラ・サルーテ教会に向かった。運河を隔ててサン・マルコ広場からも眺められる美しい白亜の大殿堂で、十七世紀前半にペストが治まったことに感謝して建てられたヴェネツィア・バロック建築の最高傑作といわれる。水際まで降りて見上げると、左右二本ずつの円柱に支えられた正面入り口とその上の福音者の彫像が八角形の壮麗な白大理石の建物を飾っており、その上に高々と乗った丸い大きなドームが夕陽を浴びて輝いていた。

しばらく見とれた後中に入ると堂内は広い八角形になっており、白を基調にした天井から壁面にかけての装飾が意外に簡素ななか、左右に並ぶ礼拝堂が多くの美しい聖像や宗教画に飾られて美しかった。それを眺めながら奥に進むと、正面に聖母子のモザイク画をおく主祭壇があり、上部には白大理石の聖母立像とそれを仰ぐ聖人像が眺められた。そして突然背後でパイプオルガンが演奏され、数人の聖職者によってミサが始まった。

その後、主祭壇左手の細い通路を進み、入場料を払ってお目当ての聖具室に入ったが、先ず目を奪ったのが右手壁面を飾る大画「カナの結婚」。空になった瓶に水を満たしてワインに変えたという新約聖書が記すキリストの奇跡をテーマにしたティントレットの作品で、豪壮な邸宅に集まった大勢の人々について、個々の表情と衣裳が美しい色彩で華麗に描き分けられていた。

また正面の壁には五人の人物を三角形に配したティツィアーノの「聖マルコと聖人」が見られ、光と陰影を濃厚な色彩で際立たせて見る人の目をひきつけていた。さらに天井を見上げると、手前に「カインとアベル」・中央に「イサクの犠牲」・奥に「ダヴィデとゴリアテ」という同じ作者による三つの作品が並んでいた。ともに旧約聖書の有名な物語に主題をとったもので、七十歳を越して授かった愛児イサクを神の命で今まさに殺そうとするアブラハムなど、生々しい肉体と表情が一瞬の動きのなかに見事に描きだされていた。その他ティツィアーノの聖人像などいくつかの作品を眺めて外に出たが、狭い室内に飾られたあまり多くない作品はどれも十分に堪能させてくれ、期待を裏切らなかった。

サルーテ教会から岬の東端まで足を伸ばし、細長い建物にブロンズの女神像を乗せた海の税関を眺めた後サン・マルコ広場に戻ると、仮面をつけきらびやかな衣裳で仮装した何人かのいかつい体形の女性？　が多くのカメラの前でポーズをとっていた。この日はカーニバルの初日でさっそく繰り出したらしく、寒空にもかかわらず大きく胸を開けた衣裳をまとっていた。

かつてのヴェネツィア共和国ではキリスト教の教えもあって男娼を死刑の対象にするなど厳しく取り締まっており、その手段として娼婦には乳首を露出するように胸元を下げた衣裳を義務づけていた。ところがそれを好ましいものと感じた男性の目を意識してか貴婦人までもがそれをまねるようになり、乳首すれすれまで胸を露出する衣裳が一般の女性の間にも広く普及していったという。

また広場の入り口では、イラク侵略反対の署名活動が行なわれていた。そういえばこの旅行中、大都市でも田舎でも行く先々でPACE（平和）と染め抜いた小さなステッカーが多くの民家に見られ、ウルビーノではデモ行進があるとかで大勢の警官が四つ角に待機していた。また何人かの現地ガイドは、「ブッシュはクレージー」「石油のための他国侵略は許せない」などと口々にアメリカを非難していた。日本でも一九六〇年には平和と民主主義を守るため、多くの無党派の市民を巻き込んだ日米安保条約改定反対の全国民的な運動が展開された。しかしそのような一般市民の政治意識の高まりは、それに危機感を抱いた政治勢力が推し進めた池田内閣の所得倍増計画以後の高度成長政策によって見事に雲散霧消し、今に至まで目の前の利益追求至上主義から脱しきれていない。今回の旅で目にしたイタリアの広範な戦争反対の動きは、アメリカとそれに条件反射的に追随する小泉内閣に多くの国民が沈黙をまもる日本の現状を改めて再認識させ、傍観者でしかない自分を含めて忸怩たる思いを拭いきれなかった。

【中世の面影を伝えるメルチェリ通りからリアルト橋周辺へ】

夕暮が迫るなか、サン・マルコ寺院の向かって左横にある通りに入ってひたすら北に向かい、リアルト橋をめざした。狭い道の両側にブティックや土産物・貴金属・お菓子などの店が並ぶ市内屈指の繁華街メルチェリ通りで、ごった返す人の流れのなかを体をこすり合わせながら人々が行き交っていた。途中体を休めるためサン・バルトロメオ広場で足を止め、中央にあるヴェネツィア出身の劇作家カルロ・ゴルドーニの彫刻を眺めた後再び進むと、間もなく橋のたもとに着いた。

リアルト橋は十六世紀末に木造から現在の石造りに替えられ、大運河に架かる最大でしかも最美しい橋として市内屈指の観光スポットになっているが、やや離れて眺めるその姿は想像していたよりはるかにすばらしかった。緩やかなアーチを描く橋は列柱状の手摺りが装飾の役割を果たしており、その上には直線の屋根の下に上部を半円形にした入り口が連なる商店などの美しい建物が両岸のたもとまでのびていた。

岸辺に立って残照に輝く美しい姿をしばらく眺めた後、橋のたもとにある水上タクシーやゴンドラの発着所の横を通り階段を上って橋の頂点に立つと、すぐ下を観光客が手を振るゴンドラや荷物を運ぶ船がひっきりなしに行き交うのが眺められ、薄暮のなかにようやく入り始めた照明とともにヴェネツィアならではの異国情緒をたっぷりと満喫させてくれた。また橋の上の建物には各種の商店が連なり、多くの観光客でごった返していた。

しばらく橋の上にたたずんだ後、向こう岸に渡って運河沿いにリアルト教会から魚市場のほうに歩いてみたが、もともと商業の中心地として賑わってきた一帯は、運河に沿って古いままの建物が並び細い小路が交差する景観が続き、先に記したカルパッチョの絵が伝えるルネサンス期の雰囲気を今なお色濃く残していた。

かつて海洋国家として繁栄したヴェネツィア共和国では、聖地エルサレムへ向かう巡礼の旅を斡旋する今日でいうパックツアーを、自国の勢力下にある東地中海への高速定期航路を活用した国営事業の一環としてすでに中世において大々的に展開していた。政府の観光局に所属する外国語に堪能な担当者がリアルト橋界隈やサン・マルコ広場など人が多く集まるところに常駐し、ヨーロッパ各地から聖地巡礼を目的にヴェネツィアに来た人を見つけては専門の宿舎に案内して金額に応じて異なる船室や食事・現地でのオプショナルツアーなどについて説明し、契約が成立すると約二ヵ月に及ぶ旅に送り出したという。リアルト橋界隈は、そのような案内人から今にも声がかかりそうな雰囲気を感じさせていた。

美の殿堂スクロヴェーニ礼拝堂からルネサンスの町フェッラーラへ
そしてポルティコの町ボローニャへ

【パドヴァとスクロヴェーニ礼拝堂】

パドヴァはヴェネツィアに近いポー（ベネタ）平野東端の小さな町。ローマ時代にはローマに次ぐ富裕な町として記録に残り、中世にはここを支配下においたヴェネツィア共和国唯一の大学の町として広く知られた。有名なガリレオも、この大学で教壇に立っていた。しかし今日この町が世界中から観光客を集めているのは、何にも増してルネサンスへの扉を開いたといわれるジョットの傑作がある礼拝堂のおかげである。

スクロヴェーニ礼拝堂はこの町の富豪エンリコ・デッリ・スクロヴェーニが、キリスト教においては罪深いとされる高利貸を営んでダンテの「神曲」地獄編で浅ましい姿に描かれた父の贖罪と一族の救済を願って一三〇〇年頃に建てたもの。ローマ時代の円形闘技場の跡という周辺は、当時の出土品と樹木や芝生などで整備された公園になっていた。

堂内に進むと、天井から両側の壁面にかけてジョットによる華麗なフレスコ画で覆い尽くされていた。彼はアッシジの聖フランチェスコ大聖堂の壁画などによって既に敬虔でしかも新鮮な作風の画家として知られていたためこの礼拝堂の内部装飾を依頼され、一三〇四年から三年がかりで新約聖書が記す聖母とキリストの生涯を三八面に描いた。

物語は祭壇に向かって右上から、ヨセフの杖に花が咲いてマリアと結婚することになる「杖への祈り」など聖母マリア伝が始まって最上段を一周し、二段目にきてキリストの誕生から東方三博士の礼拝で始まり、キリストを逮捕させるためのサインといわれる「ユダの接吻」から磔台より降ろされた我が子を抱いて悲しむ母の姿を描いた「ピエタ」、さらにはキリストの復活から昇天の場面へとキリスト伝が続く展開になっていた。

また最下段には、左側の壁に正義を意味する威厳ある女王などの美徳が七図、右側の壁には怒りのあまり胸から衣服を引き裂く女性など憤怒を表す悪徳が七図、ともに寓意的擬人像として灰色系の顔料による単色表現で描かれていた。

そして入り口上部の壁面に「最後の審判」の大壁画が、ビザンチン様式の伝統的な三段構成の図式によって描かれていた。即ち上部の窓の両側に天上の正義を暗示する二人の天使を置き、中央には上方に整列した天使の軍勢に守られた審判者キリストが多彩な光に輝くアーモンド形の円内にひときわ大きく描かれ、その左右に十二使徒を配していた。さらに下段には、中央に二人の天使に支えられた十字架を置き、その左下に前記の美徳の絵と関連させて祝福され天国に迎え入れられる人々と天使に付き添われた聖母マリアが、右下には前記の悪徳の絵と関連させて猛火に包まれた地獄に落とされる人々がそれぞれ描かれていた。なお中央最下段には、スクロヴェーニが修道士にかつがせた礼拝堂の模型を二人の聖女を従えたマリアに捧げている場面が、聖俗の人物の肖像画として挿入されていた。

これらの作品は伝統的なビザンチン様式から脱しきれていないものの、造形的な肉付けや鮮やかな色彩によって生身の人間が描かれており、さらに「ユダの接吻」に見られるように心の動きも鋭く表現されていた。それは、神秘的な神の世界を表現するため意識的に現実から離れて抽象的な表現法を採った中世のビザンチン様式から脱したことを示しており、ゴシック絵画の完成とルネサンスへの先駆性を強く感じさせていた。

また中央祭壇にはジョヴァンニ・ピサーノの彫刻「聖母子像」が見られた。周囲の壁画と同時期の作で、やや胸を引き気味にしてS字形の軽快な姿勢で立つ聖母と抱かれた幼子が視線で会話するこの像も、表情や姿勢からルネサンスへの先駆性を強く感じさせていた。

この礼拝堂のほど近くにエリミターニ教会がひっそりと建っていた。十三世紀の創建というロマネスク様式の建築で、木骨天井の一廊式という簡素な建物であった。中央祭壇に磔刑のキリストの彫刻があり、その左手にグワリエントによる中世特有の神秘性を強調したキリストと聖母のフレスコ画が見られたが、先の大戦でこの教会が被爆した時この絵がある部分のみ奇跡的に残り、壊滅的被害を免れたという。

また祭壇右手の礼拝堂には、キリストの弟子である巨人聖クリストファの物語を描いたマンテーニャのフレスコ画が見られた。彼は、以前ミラノのブレア美術館で見た「死せるキリスト」で採用した遠近法の技法をここでも柱の表現などに用いており、イタリアルネサンスを彩った華麗なヴェネツィア派の先駆者といわれている。なお先の大戦でこの礼拝堂が被爆した時、この壁画は補修のため他の場所に移されていたため無傷であったという。

【フェッラーラとエステンセ城・ルネサンスの名花】

華麗な礼拝堂での感激を反芻しながらよく耕されたブドウ畑の間の高速道路を一路フェッラーラをめざした。町は周囲十キロというルネサンス風の美しい煉瓦造りの城壁に囲まれており、かつての濠の跡は緑地公園になっていて、芝生を散歩する母子の側の自転車道路を短パン姿の若者が颯爽と走り去るのが眺められた。また城壁の内側は土塁になっており、ポプラ並木の下の舗装されていない道をジョギングする人の姿も眺められた。

町に入るとメインストリートの両側は、この町の領主エステ家の小宮殿であったパラッツイナ・エステとかルネサンス様式の民家など、高さをほぼ同じにしたかつての歴史的建造物が並び、十五世紀末に当主エルコレ一世がビアージョ・ロッセッティを起用して行なった都市計画が今なお生きていた。計画は古代ローマ都市とフィレンツェで開花したルネサンス様式に学んでおり、特に目を引いたのはエステ家の人が住んだディアマンティ（ダイヤモンド）宮殿で、カットしたダイヤモンドのような四角錐形の白大理石を埋め込んだ外壁が陽を反射してキラキラと輝き、端麗なルネサンス様式の美しい姿を見せていた。このような機能性と景観美を兼ねた町並みは、ヨーロッパ初の近代都市と言われている。

フェッラーラ公国の領主エステ家の居城であったエステンセ城は、四隅に塔を配し周囲を広い濠で囲み、入り口は跳ね橋にするなど町の北側の守りを固める堅固な要塞であったが、濠には水を高く吹き上げているいくつもの噴水もあり、ルネサンス風の均整・調和を感じさせる赤煉瓦造りの美しい姿を見せていた。

跳ね橋を通って入ると、内部は博物館になっており、かつて台所であったという入るとすぐの部屋には、公国時代の町の模様を示すテラコッタ製の模型が置かれ、城と大聖堂を中心とした往時の城壁内の姿をよく示していた。また二階への上がり口には、背を屈めないと入れない低い天井と厚い壁と三重の鉄格子に囲まれた監獄の小部屋がいくつも見られた。罪を犯したエステ家の人を入れたという。

二階にはフレスコ画など豪華な装飾を施した部屋が続き、特に朝昼晩夜を示す天井画とか古代ギリシャ時代を模倣して全裸でボクシングやダンス・テニスなどの運動をしている姿を描いた天井画が印象に残った。また豪華なヴェネツィアングラスの大シャンデリアが下がり高温むきの鑑葉植物が置かれたサンルームや、その外側にある高い煉瓦のフェンスに囲まれたバルコニー、さらには狭いながら大理石の象嵌細工の装飾が美しいレナータの礼拝堂なども印象的であった。なお城内の部屋には家具がほとんど見られなかった。十六世紀末にエステ家がローマ教皇によって城から追放された時、その多くを前項で記した新しい首都モデナに持ち去ったためという。

この華麗な城の主エステ家は芸術・文化の保護者としても知られ、十五世紀後半に最盛期を迎えたこの町にはフィリッポ・リッピなど多くの文化人が集まった。先に記したルネサンスの香を伝える現在の町並みもこの当時の遺産である。なお北イタリアのマントヴァ侯国領主で傭兵隊長としても知られたフランチェスコ・ゴンザーガの夫人イザベッラ・デステはこの城から嫁いだ女性で、豊かな知性と教養を備えた美貌の彼女のサロンに集まったレオナルド・ダ・ヴィンチなど多くの文化人や芸術家を援助したことから「ルネサンスのプリマ・ドンナ」と謳われた。また彼女は、小国にすぎない生家と婚家の独立を守るため、時には医師と謀って夫に大病と思い込ませて出兵を断念させたり、無敵の大軍で迫るチェザレ・ボルジアの攻撃を巧みな外交交渉でそらすなど非凡な政治的才能も発揮した。

一方、はかなげな美貌がヨーロッパ各国の宮中に知れ渡っていた教皇アレクサンデル六世の愛人の娘ルクレツィアは、兄チェザレの政略による三度目の結婚としてイザベッラの弟でエステ家の当主アルフォンソに嫁いできて美貌の宮廷詩人ピエトロ・ベンボや義姉イザベッラの夫と浮名を流し、自分を政略の道具としてきた父と兄の死後は良妻賢母として広く慕われ、宮廷の華として名声をはせた。なお当時の教皇はほぼ例外なく半ば公然と妻子をもち、豪奢な浪費生活を送っていた。

城外に出ると、ルネサンス期にフィレンツェでローマ教会の上記のような腐敗を激しく非難して祭政一致の共和政治を開始し、やがてローマ教会によって火あぶりの刑に処せられたこの町出身の修道士サヴォナローラの像が両手を広げた祝福の姿で立っていた。また城と連結している洗練されたルネサンス様式の建物は市庁舎で、現在もそのまま使われていた。

市庁舎前に壮麗な姿で建っているのがこの町の守護聖人聖ジョルジョを祀った大聖堂。ヴェローナ産のピンクの大理石を使ったほとんど窓がない一階は十二世紀のロマネスク様式、細かい列柱や上部が尖頭形の窓や多くの彫刻で飾られた華麗な二階以上は十三世紀のゴシック様式で、上部が半円形のアーチをえがく装飾の少ない正面入り口には、ジョルジョの騎馬像が見られた。また内部はルネサンスの保護者エステ家の教会にふさわしくフレスコ画でおおわれた壁など華麗な雰囲気を漂わせており、階段を上がると美術館であった。

城の濠を囲む塀に腰を下ろして長い接吻を繰り返すカップルを横目にバスに戻り、両側にリンゴ園や刈り終わった水田などが続く高速道路を一路ボローニャをめざしたが、途中で掘っ立て小屋や廃車が並ぶジプシーの集落が見られた。ここで一般社会から孤立した集団生活を営み、スリや置き引きといった彼らの生業をするため町に出掛けるらしかった。

【ボローニャとポルティコ】

ボローニャはヨーロッパ最古の大学がある町として昔から知られており、現在は見本市の町として世界的に知られるようになり、また名産の靴の町・食通の町としても広く知られている。町に入るとポルティコ（アーケード）が通りに連なっているのが目につき、人々がその下を行き交っていた。よく見ると、飾り気のない中世風の簡素な形のものがあり、瀟洒なルネサンス様式や豪華なバロック様式のものがありと、様々なポルティコが目を楽しませてくれた。雪国でも多雨地域でもなく逆に年中雨が少ないこの町の通りをポルティコが覆うようになったのは、大学が開かれ全ヨーロッパから多くの学生や教官・文化人が集まるようになって住宅不足になり、道路の上に部屋を継ぎ足したためとも言われる。近隣の町ではこれを取り壊す動きが続いたが、ボローニャではこれを保護しただけでなく、道路に面した民家をポルティコに改造するよう義務付けた。その結果冬の寒さや夏の強い日差しから通行人を守り、職人が日中この下に出て仕事をし、人々がこの下でお茶を飲むなど、ポルティコは現在なおボローニャの町の生活と一体になっているという。

【マジョーレ広場】

ボローニャ観光の目玉の多くはマジョーレ広場周辺に集中しており、広場入り口には巨人の愛称で親しまれ町のシンボルになっている海神ネプチューンの噴水が見られた。ブロンズのネプチューンは足元に四人の半人半鳥の海の精鋭を従えており、市内唯一の噴水ということでは今なおローマ時代の水道が使われていた。ミケランジェロを超えようと複雑な運動表現や技巧を追求したマニエリスムの旗手ジャン・ボローニャの作である。

そこから入ると、広場右側にコムナーレ宮殿とも呼ばれる市庁舎が見られた。左手屋上に時計塔を乗せた重厚な建物で、十三世紀以来何度も改築が行なわれたため、ゴシックやルネサンス様式などいく種類もの建築様式が見られた。また中央入り口の二階部分から、太陽暦を採用したことで知られる教皇グレゴリウス十三世の像が見下ろしており、その左手上部の壁面に「聖母と幼子キリスト」の美しいレリーフが見られた。

広場をはさんでその反対側には、自治都市ボローニャの象徴になったポデスタ宮殿があった。一階は上部をアーチ形にした柱廊、二階は上部をアーチ形にした縦長の小窓を一階のアーチの真上に配すなど、ルネサンス風の軽快な美しい姿を見せていた。なお宮殿はもともと神聖ローマ帝国が派遣した都市長官の住まいで、十二世紀中頃に市民が長官を追放して自治権を獲得してからは市民によって選出された首長の政庁になった。

宮殿の正面には、ゴシックの殿堂サン・ペトロニオ教会が巨大な威容を見せていた。町の守護聖人サン・ペトロニオを祀ったこの教会は十四世紀末にイタリア最大規模をめざして建築が始まったが、ローマ教皇による建設中止命令で今なお未完成のままである。

正面入り口の上部には中央に「聖母とキリスト」、左右に「聖ペトロニオ」と「聖アンブロージョ」の像が見られ、入り口の左右には「楽園追放」など旧約聖書に題材をとった十面の浮き彫りが見られた。このように建物の下半分の壁面は豊かな装飾が見る人の目を楽しませていたが、上半分は装飾が施される前に教皇の命令で工事が中断されたため石材がむき出しのままであった。なお上の彫刻はシエナのヤコポ・デッラ・クエルチャが十五世紀中頃に十二年の歳月を費やして彫ったものである。中世的な浮き彫りの技法を守りながら、素朴な中にも現世的で力強い表現が見られ、若き日のミケランジェロに大きな影響を与えたといわれるなど、初期ルネサンスの傑作のひとつに数えられている。

内部は林立するゴシックの巨柱によって分けられた三廊式になっており、正面奥に聖母子の絵を中心としたバロック様式の豪華な主祭壇が見られた。また左右には十一の礼拝堂が並んでおり、そのうちのひとつボロニーニ家の礼拝堂は、ダンテの「神曲」を描いたステンドグラスや壁面を飾る

「最後の審判」のフレスコ画がすばらしかった。

十一世紀にヨーロッパ最古の大学として創建された旧ボローニャ大学の建物は、左右の商店やポルティコに埋没して広場からはほとんど目立たないが、サン・ペトロニオ教会の建築が中断した時の資金を注ぎ込んで充実をはかったといい、現在は図書館として使われているという。教会の反対を押し切って世界初の人体解剖を行なった解剖室や約一万冊という貴重な写本などが知られているが、時間に追われて入場できなかった。

マジョーレ広場から東にほど近いポルタ・ラヴェニャーナ広場にボローニャの斜塔が建っていた。この町の全盛期である十二～三世紀には、自分の権力を誇示するために貴族たちが競って建てた塔が二百本もあってダンテを驚かしたというが、現在残る二本はともに十二世紀のもの。七百年前頃から傾きはじめ、高いほうのアシネッリの塔で約一メートル・低いほうのガリセンダの塔で約三メートル傾いているという。

華麗なモザイク画の町ラヴェンナからルネサンスの町ウルビーノへ

【イーモラの美貌の女領主】

ボローニャを後にして翌日は五～六世紀の初期キリスト教建築が残っていることで広く知られるラヴェンナに向かい、途中でブドウ畑に囲まれたイーモラの町を通った。ここはやはりルネサンスを飾った名花カトリーヌ・スフォルツアが名声をはせたイーモラ公国があったところ。先にミラノのところで紹介した公爵フランチェスコ・スフォルツァの孫で、一介の傭兵隊長からミラノ公国の当主にまで登りつめた祖父の野性的な血を受け継いだ彼女は、この国に嫁いで次々に三人の夫と死別し若くして未亡人になった。彼女の真価が発揮されたのはその後で、たぐい稀な美貌と恵まれた肉体を甲冑に包んで祖国防衛のために馬上から剣をかざして戦列の先頭を駆け巡り、彼女こそ疑いもなくイタリア第一の女（プリマ・ドンナ・デターリア）であると謳われたという。

また当時の記録は、教皇の息子チェザレ・ボルジアの軍に居城を包囲され、捕虜にされた二人のわが子が剣をかざした敵兵によって門前に引き据えられ降伏を迫られた時、今も優美な姿のまま残る堅牢な城壁の上に姿を現した彼女は、いきなりスカートを腰の上までたくし上げて一糸まとわぬ雪肌の豊かな下半身を敵兵の目にさらし、「この阿呆ども、この私がこれから二人でも三人でも子供を産めないとでも思っているのか」と叫んで開城を拒否したと記している。彼女もまたルネサンスが生んだ代表的な女性のひとりであった。

【古都ラヴェンナとモザイク画が美しい教会群】

ラヴェンナの町に近づくと、広々とした郊外の畑のなかに当時最大規模であったというサン・タポッリナーレ・イン・クラッセ教会が、心が洗われるような清楚な雰囲気を漂わせて建っていた。この地の初代司教アポリナリスの遺骨を安置するため六世紀中頃に完成した煉瓦造りの教会で、装飾のない講堂を思わせる身廊とそれに隣接する円筒形の塔からなり、教会建築が始まった初期ビザンチン時代のバジリカ様式をよく伝えていた。堂内は整然と並ぶ列柱によって身廊と両側の側廊に区切られた木骨天井の広々とした三廊式で、大理石の柱をつなぐ半円形のアーチの上の壁面には歴代教皇の肖像が見られた。また身廊の上部外壁とそれより一段低い側廊の外壁には多くの窓があって堂内は明るく、天井や壁面の装飾は簡素であった。

そして堂内の装飾の多くは人々が視線を向ける正面最奥の祭室とその周縁に集まっており、そこは千五百年を経てなお輝きを失わない荘厳なモザイク画で占められていた。祭室の大きな半円蓋の上端では、金地にたなびく雲の間から神の手が現れており、その左右に旧約聖書の二人の預言者モーゼとエリアが配され、その間に、宝石に飾られた環の中の星空に浮かぶ大十字架が置かれ、その中心に小さくキリストの顔が彫り込まれていた。

一方その下の草原から、ペテロを象徴する左側の一匹の羊とヤコブ・ヨハネを象徴する右側の二匹の羊が上の荘厳な絵を見上げていた。これらはまさにキリストが神であることを示す「キリストの変容」の象徴である。さらに最下段では、花が咲く草原を信徒の象徴である羊が歩くこの世の楽園を表現しており、その中央にひときわ大きく二世紀の殉教者アポリナリスが両手を広げた祈りの姿勢（オランス）をとって立っていた。また右側壁面には、旧約聖書が記すアブラハムによるイサクの犠牲を象徴する羊を差し出す場面が描かれていた。

教会を後にして向かったラヴェンナ市内は、前年の実を残したままのスズカケや松・モミなどの街路樹が続く小さな街であるが、かつてはヨーロッパの中心に位置する輝かしい時代があった。先ずローマ帝国の初代皇帝アウグストゥスが現在は内陸になっている上記クラッセ教会の近くに海軍基地を築いて以来、この町は東方世界への最大の窓口になった。

　更に、ローマ帝国は皇帝テオドシウス一世没後の四世紀末に東西に分裂し、西ローマ皇帝ホノリウスは当時激しさを増していたゲルマン人の侵入による混乱を避けるため首都をミラノからこの町に移した。そして帝死後は妹のガッラ・プラチディアが摂政となり、真摯なキリスト教徒に改宗した彼女は五世紀半ばにモザイク画が美しいネオニアーノ（正教徒・正統派）洗礼堂やガッラ・プラチディア霊廟を建て、キリスト教文化の基礎を築いた。

　彼女の死後、激化するフン族の襲来やゲルマン民族の大移動の混乱のなかで傭兵隊長オドアケルによって西ローマ帝国は倒される。その後五世紀末にオドアケル王国を倒したゲルマン民族の一派東ゴート族がこの町を首都に王国を建て、国王テオドリックは混乱のなかでローマ文化の遺産保護に努めるとともにキリスト教に帰依するなど文化政策にも力を注いだ。五世紀末〜六世紀初頭に建てられたサン・タポッリナーレ・ヌオーヴォ聖堂や六世紀中頃に完成した前記のサン・タポッリナーレ・イン・クラッセはその遺産である。

　そして王の死後ビザンチン（東ローマ）帝国がかつてのローマ帝国の復活をめざして西方に進出を開始し、六世紀半ばのユスティニアヌス帝は東ゴート王国を倒してこの町に総督府を置き、事実上復活したローマ帝国の西半分を統治させた。豪華なモザイク画が残るサン・ヴィターレ聖堂は、この町がイタリア随一の繁栄を誇ったこの時期の遺産である。

【サン・タポッリナーレ・ヌオーヴォ聖堂】

最初の見学は、先のクラッセ聖堂からの道を北上して旧市街に入ったガリバルディ広場に面したサン・タポッリナーレ・ヌオーヴォ聖堂で、前記のテオドリック王の王宮教会として出発した講堂型のバシリカ式建築である。円筒形の鐘楼と白い円頭アーチが並ぶ美しい正面を眺めながら入ると、三廊式の内部は祭壇も列柱や周囲の壁も簡素であるが、側廊上部に連なる金を多用したモザイク画が目を引いた。聖人像の壁画を挟んで並ぶ窓の下が帯状の壁になっており、右側の壁には二六人の殉教者がヨハネ・パウロを先頭に王の宮殿からキリストのもとに向かう行列が、左側には東方の三博士と二二人の聖女たちが聖母子に貢ぎ物を捧げる行列が描かれており、中央の玉座のキリストとともに印象深かった。

聖堂から広場を突っ切って真っすぐにダンテ通りを西に進むと、小さなお堂という感じのダンテの墓が建っていた。フィレンツェで生れながら教皇派と皇帝派の争いに巻き込まれて放浪生活を余儀なくされた彼は、十四世紀初めにラヴェンナの領主グイド・ダ・ポレンタの保護を受けてこの町に定住し、有名な「神曲」を書きあげた後、この地で亡くなった。彼の葬儀は墓の隣に四角形の塔を伴って建つロマネスク様式のサン・フランチェスコ教会で営まれたが、墓が建てられたのはフィレンツェとの遺骨の争奪戦を経た後の十八世紀末になってからといい、現在の姿に改修されたのは二十世紀初めのことである。なお教会に隣接して、一階の回廊のアーチと列柱が美しい修道院も印象に残った。

【ネオニアーノ洗礼堂】

ダンテの墓を左手に鍵型に曲がって更に西に進むと、十八世紀の建築というひときわ高い円筒形の鐘楼をもつバロック風のドゥオーモが目に入り、その隣に八角形の集中式建築ネオニアーノ洗礼堂が建っていた。ネオン司教によって五世紀中頃に完成されたという堂内に進むと、そこは質素な外観からはうかがえ知れない豪華なモザイク画の世界で、青を主体とした模様と宗教画が周囲の壁からドームまでを覆い尽くしていた。特にドームのモザイク画は素晴らしく、中心にヨハネから洗礼を受けるキリストとそれを祝福する白い鳩を置き、周囲を十二人の使徒が取り巻き、さらにその外側を聖人や聖遺物などで飾っていた。そして床には、大きな洗礼盤が置かれていた。

なおモザイク画は、まだ柔らかい漆喰に色ガラスや色大理石・貝殻・金・銀・各種の宝石などの小片を下絵にしたがって一個一個指で押し入れて描いたもの。それ故フレスコ画などのように劣化することがなく、千数百年を経た今日でも美しい輝きを保っていた。

次いでダンテの墓の裏側に進むと旧市街の中心にあたるポポロ広場で、中世の雰囲気を残す建物に囲まれていてバールやカフェなどで疲れた足を休ませるのに最適。一角に八本の石柱の支えられたヴェネツィア小宮殿があり、前記テオドリック王ゆかりの柱頭は六世紀のものという。また宮殿右手が市庁舎で、その前に建つ二本の円柱の上には町の守護聖人聖アポッリナーレと聖ヴィターレの像が見られた。

【サン・ヴィターレ聖堂】

広場から北に向かうと間もなくに、この町の教会のなかで最も有名なサン・ヴィターレ聖堂とガッラ・プラチディナ霊廟があった。サン・ヴィターレ聖堂は初期キリスト教建築の特徴である煉瓦

ラヴェンナ／モザイク画が美しいサン・ヴィターレ聖堂

造りの八角形の集中式建築で、東ゴート王国の時代に建築が始まりビザンチン帝国の支配下に入った後に完成した。この聖堂も装飾がほとんど見られない質素な外観は、千数百年の間風雨にさらされて古色蒼然とした姿を見せていたが、堂内に足を進めると絢爛豪華なモザイク画による装飾に圧倒される。これはビザンチン建築に広く見られる特徴である。

先ず床は大理石によるモザイク画が施されており、中央の八角形のドームを支える八本の大理石の柱には柱頭のレース状の模様や神などを暗示する絵が見られ、ビザンチン芸術の影響を示していた。またクーポラには中心の輪の内側に緑の中で遊ぶ動物を置き、その外側に四人の天使を配していた。また周囲の壁面や柱など堂内は、余すところなく聖像や植物・動物・図柄などのモザイク画によって埋め尽くされていた。
圧巻は最奥後陣のモザイク画で、中央正面に草花が繁る楽園で左右に聖（サン）ヴィターレと大司教エクレシウスを従えて座すキリストが見られ、一段下の右側壁面に左右の侍女たちを従えた宝冠姿の皇妃テオドラを示す「テオドラ妃と随身・侍女たち」が、左側壁面には従者を左右にして聖体皿を持って立つユスティニアヌス皇帝を示す「ユスティニアヌス帝が宮廷人を従えた図」が、金色に輝く背景のなかに描かれていた。そしてこれらの装飾には金銀宝石を惜し気もなく費やされて窓からの明るい光に煌めいており、ビザンチン帝国の最盛期をもたらしたユスティニアヌス皇帝時代の栄華を伝えていた。そしてまたこの聖堂は、ローマ的なものから真にビザンチン的なものへの移行をも示していた。

【ガッラ・プラチディア霊廟】

一方聖堂に隣接するガッラ・プラチディア霊廟は、西ローマ帝国最後の輝きを示す遺産である。そして遺言にもとづいて死後ここに葬られたガッラ・プラチディアの数奇な生涯は、当時の西ローマ帝国が置かれていた厳しい情況を象徴しているとも言える。ローマ帝国を遺言によって東西に分割したテオドシウス帝の娘として生まれた彼女は、ローマ滞在中に侵入したゲルマン民族の一派西ゴート族の王アラリックの捕虜として南フランスに連行され、そこでアラリック王の弟アタウルフと恋におち結婚する。しかしやがて夫は暗殺されたためラヴェンナに帰るが、間もなく異母兄である西ローマ皇帝ホノリウスの命令でその部下の将軍と結婚し、息子が生まれる。ところがこの夫も四年後には戦死し、その後あろうことか兄ホノリウスから求婚された彼女は、東ローマ帝国の首都コンスタンティノープルにいる甥のもとに逃れる。そしてその直後ホノリウスが病死し、彼女は呼び戻されて皇帝位に就いた幼いわが子の摂政になり、滅亡を前にした約四半世紀の平和の時代が訪れる。その間彼女は敬虔なキリスト教徒として統治にあたり、霊廟建築に着手した。死の二十年も前のことという。

霊廟は先の聖堂同様煉瓦の壁からなる質素な外観で、建物の縦横の軸が同じ長さをもつギリシャ十字形の構造である。内部はこれまで見てきた聖堂が多くの窓を持ち明るかったのに対しかなり暗く、前回訪れた時は狭い範囲を照らすペンシュル型の懐中電灯によっていくつかの代表的な壁面を順次眺めたことを思い出した。しかし今回は廟内全体を照らす照明が取り付けられており、初めてその華麗な全貌を眺めることができた。

先ずクーポラが素晴らしかった。濃い紺の地に金色の石片をちりばめて夜空に煌めく星を連想させ、中心に金色の十字架が見られた。その下には、「水盤から水を飲む白い鳩」やライオン・牛など神や聖人を象徴する図とか聖書からテーマをとった図が配置されていた。そしてガッラ・プラチディナの棺は、堂内奥にある三つの棺の中央のものという。

また入り口近くの壁面にある半円形の「善き羊飼いの図」も、美しさとともに強い信仰への誘いを感じさせていた。濃いブルーの空の下、疎らな低木と露出した岩石が見える草原の中心に背丈ほどの黄金の十字架を抱えた羊飼いをおき、数頭の白い羊がそれぞれの姿勢をとりながら視線はいずれも羊飼いに向けている絵である。貧しい羊飼いであるはずの若者はキリストを象徴するため、金色の衣裳に王位を示す紫色の部分を重ねており、キリスト教芸術にローマの伝統である皇帝崇拝の思想がまだ残っていたことを知らせていた。

長身の人物が正面を向いて立つ姿勢を基本とし、金銀やガラスなど変色することがない材料を使うことで神の永遠性を表現しようとしたビザンチン芸術の神髄を堪能した後、旅はラファエロの出身地ウルビーノをめざしてアドリア海に面した東海岸を南下した。

【山上の小国サン・マリノからウルビーノへ】

なお途中にあるリミニの町は遠浅の穏やかな海岸線が続き、イタリアのマイアミと呼ばれるように夏は多くの観光客で賑わうことで知られる。またこの町は、古代ローマの時代はローマからのフラミニア街道とここからミラノを経てガリア（フランス）方面に向かうエミリア街道が接する交通の要所として繁栄したところであり、カエサルがルビコン河を渡った後、「賽は投げられた」と兵士に訓示を与えたところでもある。しかし当時を伝えるものは、古代ローマの凱旋門としては最古というアウグストゥスの凱旋門の一部と廃墟となった円形闘技場跡のみである。

またリミニから内陸に入って間もなくに、世界で五番目に小さく、最も古い共和国という山上の小国サン・マリノ共和国がある。人口わずか三万人というこの国は国土の多くが山と丘からなり、現在は観光業が主たる産業になっているという。その中心がティターノ山頂付近にある首都のサン・マリノ市で、両側に小さな店が並ぶ狭く急な坂道は多くの観光客で賑わっており、健脚であれば頂上からの眺めが最高である。

なおこの町については、前著「魅惑のヨーロッパ20カ国の旅」で紹介したのでそれに譲るが、切手収集を趣味にしている方には欠かせない観光地であり、ワイン通の方にもお勧めの国である。

丘の上に中世そのままの雰囲気を今に伝えるイタリア東部の町ウルビーノは、紀元前のローマ植民都市から出発して中世には都市国家に発展し、十五世紀中頃に領主モンテフェルトロ家が公爵として認められ公国となった。そして一四四四年に当主となったフェデリコとその意志を継いだ息子グイドバルドの妻エリザベッタにより、ルネサンスの精神を基調にした都市計画による改造で文化都市に生まれ替わった。丘の上にある町へはバスターミナル奥からエレベーターで登ることができ、一気にドゥカーレ宮殿のところにでる。

正面の両側に左右対称の円筒形の塔をもつ壮麗な宮殿は、フェデリコがルネサンスの先進都市フィレンツェやマントヴァに劣らない文化都市にふさわしい宮殿をと建築家ルチアーノ・ラウラーナに依頼したもので、茶褐色の落ち着いた風情は当時「神の設計」と称賛されルネサンスを代表する宮殿建築に数えられている。現在は大部分がマルケ国立美術館になっており、植物模様の彫刻のある柱頭から半円アーチでつながれた柱が囲む方形の中庭が美しかった。また階段途中には、白大理石のフェデリコ公の彫像が置かれていた。

簡素な居間では家紋の鷲の彫刻とルカ・デッラ・ロッビアの彫刻が目についた。次の部屋で、下にアダムの骸骨をおいた磔刑図とか複数の祭壇画・聖母子像・ヨハネによるイエスの洗礼の図などを眺めた後、数学者としての知識を駆使して遠近法を確立しルネサンスを代表する画家の一人となったピエロ・デッラ・フランチェスカの作品が目にとまった。

左側にキリストが鞭打たれる場面・右側にそれとまったく時代を異にする三人の人物をおいて話題になった「キリストの鞭打ち」は、床に規則正しい横線の模様を入れることで見事に遠近法を取り入れて彼の傑作に数えられており、幼子を抱いた「セニガッリアの聖母」は左側からの光を重視した作風として知られている。なお彼は、毅然とした表情の夫妻とその背景の穏やかな田園風景を対比した肖像画の傑作「ウルビーノ公夫妻の肖像」（ウフィッツィ美術館）によって、フェデリコの顔を今日に伝えている。そして公の顔はこの宮殿にあるヨース・ファン・ヘントの「使徒の聖体拝受」の右側にも挿入されている。

次いで壁からドアが寄木細工からなる書斎で、ボッティチェリによる寄木細工の下絵とクルミ材の壁の浮き彫りを眺めた後、エンジェルの間にある「理想都市図」を眺めた。円形の集中式建築が中央にあり、道路が整然と交差し、両側に左右対称の三階建ての建物が並び、平和のシンボルである鳩がいるほか人物がまったく見られなかった。ルネサンス期の人々が自分の世界観・宇宙観をもとに考えた理想的都市計画図の一例とされている。

その先の、ラファエロもデザインに協力したという七枚の大作が広い部屋の壁を覆っているタペストリーの間もすばらしかった。またラファエロの間には、彼の「ラ・ムタ」（黙っている女）やティツィアーノの「最後の晩餐」が眺められた。

一方最後に回った台所や洗濯場は石材がむき出しのままで暖房もなく、ルネサンスの精神に心酔したフェデリコに代表される当時の有力者達の、下層市民に対する意識がうかがわれて興味深かった。

フェデリコと美貌の義娘エリザベッタが芸術や学問を愛して積極的に巨匠たちを招待したので、宮殿には多くの芸術家や学者・聖職者・騎士・貴婦人が集い、そこでの社交マナーが各地に広がり、町はイタリア各地の知識階級が注目する都市になった。そしてこのような宮殿を中心とした計画的な文化都市建設の大事業費は、勇猛果敢な傭兵隊長としてのフェデリコがフィレンツェやヴェネツィアの依頼で各地を転戦した代償でまかなわれた。先にもふれたが、傭兵は当時の戦争の主役であり、隊長の収入は莫大であった。

宮殿を後にして、大きなドームと四角形の鐘楼をもつ白大理石の壮麗なドゥオーモを見ながら坂道を下りレプッブリカ広場に向った。ここが町の中心で、反対側のラファエロ通りを登るとほどなく坂道の途中左手に煉瓦造りの質素なラファエロの生家があった。

暖炉のある居間には父ジョヴァンニ・サンテの「受胎告知」が見られ、次の間には聖母子の絵が架かっていた。父子どちらの作品か、判断が分かれるという。また別の部屋にはラファエロの「聖母マリアの結婚」（本物はミラノのブレラ美術館）や「キリストの変容」（本物はヴァティカン美術館）のレプリカが見られた。

やがて坂道を下ってもとの広場に向ったが、狭い石畳の道は車が遠慮して走る感じで、車道で口づけを繰り返す若者にもドライバーは少しも慌てなかった。そして坂道からは、宮殿やドゥオーモなど城壁に囲まれた山上の都市がすばらしい眺めをつくっていた。

街そのものが華麗なルネサンスの遺産・花の都フィレンツェ

【ブランカッチ礼拝堂】

ベッキオ橋を渡り、直進してピッティ宮殿のすぐ先の三叉路を右折し、右手に野菜など日用品を求める人々で賑わう露天市を眺めながら進むと、左手に古色蒼然としたサンタ・マリア・デル・カルミネ教会が建っている。見学者が多い礼拝堂の入り口は教会入り口から右手に進んだところにあり、チケットを求めて入ると、既に多くの先客が壁面いっぱいに描かれた有名なフレスコ画を無言で見上げていた。

なお有名な割に狭いこの礼拝堂は押し寄せるファンによってすぐにごった返すため、係員が常駐して入場者ごとに一枚ずつ解説つきパネルを貸し出し、時間がくるとこれを回収しながら退館を促していた。しかし風采の上がらない東洋人はイタリア語を解さないとみなされたのかパネルを渡してもらえず、その代わり独りだけで邪魔にもならないと判断したためか追い出されることもなかったので、心ゆくまで堂内を眺める幸運に恵まれた。

この礼拝堂は先に見たパドヴァのスクロヴェーニ礼拝堂と同様、富裕な市民であったブランカッチ家が一族の魂の救済のために十四世紀末に建立したもので、十五世紀初めにこれを相続したフェリーチェ・ブランカッチが内部装飾のため壁画を委嘱した。上段はマゾリーノとマザッチョ、下段はマザッチョとフィリッピーノ・リッピの手になるという。

正面祭壇には荘厳の聖母子のイコンが置かれていたが、背景に金箔をおき表情に写実を排して神秘性を強調するなど礼拝堂で唯一の伝統的なビザンチン様式の作品であるところから、周囲の壁画が描かれる以前から置かれていたものと推測された。

入り口右側の柱の上にはマゾリーノによる、女の顔をした蛇に誘惑される「アダムとイヴ」が見られ、それと対をなして左側の柱の上にはマザッチョの手になる「楽園追放」が描かれていた。前者は全裸の二人の姿に、生の人間の動きや感情をもった肉体よりも、人形のように細く引き伸ばされた体の曲線の繊細さや白目がちの甘美な静けさを感じさせる表情などを強調しており、ルネサンス様式が始まる直前に広く採用された国際ゴシック様式特有の優雅さを優先させていた。

一方後者は、力強い血の通った現実感あふれる全裸の肉体と、両手で顔を覆ったアダムと空に向って泣き叫ぶエヴのともに自責と絶望にやるかたない感情を直截的に表現しており、ルネサンスの本格的な開幕を知らせていた。なお二つの作品は後世に恥部を隠す木の葉が描き加えられていたが、近年の補修においてともに制作当時の姿に復元されていた。

壁画の多くは新約聖書からとったキリストの一番弟子聖ペテロに関する物語を主題にしており、特にキリストに命じられてペテロが魚の口から見つかった銀貨で神殿税を払うという物語を描いた左手上段の「貢ぎの銭」には感動させられた。左から、ペテロが魚の口から銭を取り出す場面・キリストがそれで税を払うよう命じている場面・そして町の収税吏に税を手渡す場面を一画面のなかに描く異時同図的表現を用いており、個性的な表情・明暗と透視画法による肉付け法を用いた現実的な衣裳表現・その裏の生きた肉体の存在感・そして背景の風景描写など、マザッチョが獲得した偉大なルネサンス的技法がいかんなく発揮されていた。そしてルネサンス絵画が、十四世紀初頭のジョット、十五世紀初頭のマザッチョ、そして十五世紀末から十六世紀初頭のレオナルド・ダ・ヴィンチという三人の天才によって完成されたことを実感させてくれた。

また彼が新約聖書の使徒行伝から主題をとって正面下段の左右に描いた「影を投じて病人を癒す聖ペテロ」と「共有財産の分配とアナニアの死」も印象に残った。特に、聖ペテロが共有財産を貧しい母子に分配する場面と、掟に従わず共有財産を売ったアナニアーニが神罰を受けて死ぬ場面を描いた後者がすばらしかった。深い精神性を宿した表情としっかりした肉付けによる堂々とした肉体を、一瞬の動きのなかに表現していた。

またマザッチョの後を引き継いだフィリッピーノ・リッピによる左手下段の「皇帝ネロの前で魔術師シモンと論争する聖ペテロと聖パウロ、聖ペテロの磔刑」も印象に残った。右半分に、座して右手を上げているネロの前で論争している場面、遠くの山が見えるアーチ形の入り口を効果的な境界に見せて、左手にペテロの逆さ磔の場面が描かれていた。

なお作者フィリッピーノ・リッピはルネサンス初期を代表する有名な画家フィリッポ・リッピの息子で、この作品はマザッチョの作品より約六十年後のものである。それ故、壁画全体のバランスを考えてマザッチョたちの様式に合わせているが、マザッチョが切り開いた写実的表現、すなわち血の通った現実的肉体と個々の人物の豊かな表情などの表現は格段に進歩していると評価されている。また彼の父フィリッポ・リッピは、この礼拝堂でマザッチョの絵に触発されてルネサンス的な作風に目覚めたといい、若き日のミケランジェロをはじめ多くの有名な芸術家がここに足を運んで模写に励んだことが知られている。

【大聖堂と洗礼堂・鐘楼】

礼拝堂を後にしてヴェッキオ橋を渡り、赤煉瓦の大ドーム（円蓋）を目印にそのまま直進してドゥオーモをめざした。フィレンツェ共和国の時代から市民の信仰の中心になってきた正式名サンタ・マリア・デル・フィオーレ教会（花の聖母教会）は、巨大なドームを乗せ、白と暗緑色の大理石を組み合わせた美しい姿で建っていた。十三世紀末に当時市内有数の経済力を誇った毛織物業組合を中心に着工され、以来「イタリアで最も大きく、且つ最も美しく」をめざして工事が進められ、十五世紀初めに最後まで残っていた大ドームが完成して神に捧げる献堂式が行なわれた。

街の建物よりひときわ抜きん出て遥か遠くからもその美しい姿が眺めらるドームは、今なおフィレンツェのシンボルになっている。ルネサンス時代、円は無限と完全無欠の象徴とされ、それを建築に具体化したドームは、サン・ピエトロ大聖堂のドームを設計したミケランジェロなど多くの建築家によって取り入れられた。ブルネレスキがローマに残る古代ローマ時代の遺産パンテオンのドームに学んで設計したこの大ドームは、その幕開けになった建築である。そして煉瓦色の球面が白い肋骨によって区切られた八角形の外観は、均斉・調和を理想としたルネサンスの精神を完璧に形象化したものとされている。

堂内に入ると、まずドーム内側にヴァザーリ師弟によって描かれたフレスコ画「最後の審判」が見上げられ、周囲は、宿敵シエナ軍をサン・ロマーノの戦いで破った傭兵隊長を高い台の上の記念像として描いたカスターニョのフレスコ画「ニッコロ・ダ・トレンティーノ騎馬像」や、ウッチェロによる同じ構図の「ジョン・ホークウッド卿記念像」など多くの絵画や彫刻で飾られていた。

これらを眺め歩いているうちに、ふとここが十五世紀末の陰惨な党争の舞台になったことが思い出された。それは事実上フィレンツェの実権を握っていたメディチ家の当主ロレンツォを、復活祭のミサのために堂内を埋めた人込みにまぎれて暗殺しようとした政敵パッツィ家の陰謀である。負傷しながらも一瞬の機転で危機を逃れたロレンツォは、市民から花のジュリアーノと讃えられていた愛する弟が犠牲になったこともあり、国外にまで追跡して捕らえた政敵の一味八十人を処刑し政庁の窓から吊して見せしめにした。そしてこれを機にロレンツォは共和制フィレンツェの実質的な独裁者の地位を確立するとともに、多くの文化人・芸術家を援助してルネサンスの発展に大きく貢献した。恵まれない境遇にあった若き日のミケランジェロの才能を愛して庇護し、その大成を助けたのも彼である。また堂内から地下に降りることができ、この教会が建てられる以前にあった四世紀創建というサンタ・レパラータ教会の遺構と、ドームの設計者ブルネレスキの墓が見られた。

次いで向かった洗礼堂はドゥオーモの前にあり、ドゥオーモと同様に白と暗緑色の大理石で造られた八角形の美しい建物である。これは十一～十二世紀にロマネスク様式で建てられた市内最古の建築の一つで、町の守護聖人である聖ジョヴァンニ（洗礼者ヨハネ）に捧げられたものという。そしてブロンズの門扉はルネサンス期に造られたもので、先ず十四世紀前半にアンドレア・ピサーノによって南側の門扉が完成した。次いで十五世紀初頭にコンクールでドナテッロやブルネレスキといった当時を代表する大家を押さえて優勝した二十二歳のギベルティが二十年の歳月を費やして東側の門扉を完成させた。二つの門扉はともにキリストの洗礼の場面を刻むなど聖書の物語で美しく装飾されている。

しかしここで有名なのは後にミケランジェロが「これこそ天国の門だ」と叫んだという門扉で、東側の門扉を製作した四十四歳のギベルティはさらに二十七年を費やしてこれを製作した。そして完成と同時にこの門扉は、それまで東側にあった門扉を北側に移し（現在の北門）、代わりに大聖堂に面する東側に置かれた（現在の東門）。十枚のパネルに左上の人間の原罪と楽園追放から始まる旧約聖書の物語が刻まれたこの門扉はミケランジェロの言葉もあって最も有名である。もっとも現在ここにある東門のパネルはレプリカで、本物は後に回ったドゥオーモ付属美術館で見ることができた。なおこのような洗礼堂の建築は、市内最大の経済力を備えるギルドであった毛織物商組合によって主導された。

堂内に入るとドームの内側の天井に「創世記」や「最後の審判」など聖書から題材をとったビザンチン様式のモザイク画が美しく、ドナテッロとミケロットによる教皇ヨハネ二十三世の墓もあった。

次いでドゥオーモ（大聖堂）付属美術館をめざしたが、途中ドゥオーモの右側に高さ八十メートル余りというジョットの鐘楼が、同じ色大理石を用いてドゥオーモや洗礼堂と完全な一体感を見せて建っていた。塔は頂上にいくにしたがって細くなるよう内側に微妙な傾斜をもたせることで美しさと安定感をもたらしており、設計者であるルネサンスの先駆者ジョットが、柱に同様の傾斜をもたせることで建物に強度と美感を与えているアテネのパルテノン神殿など古代ギリシャ・ローマの技法に学んでいることをうかがわせた。

【大聖堂付属美術館とドーム頂上の展望台】

ドゥオーモの裏にある付属美術館は、ドゥオーモや鐘楼・洗礼堂などにあった作品とともに市内の公園からも目ぼしい作品を集めて十九世紀末に開館された。玄関を入るとロビーにドゥオーモと縁が深いブルネレスキの胸像が見られ、最初の「ブルネレスキの間」には、ドゥオーモの大ドームの建築方法を説明した木製の模型とかロープや牛に引かせたという巨大な滑車などの建築工具とともにブルネレスキのデスマスクが展示されていた。

次いで「旧いファサードの間」では、この博物館で唯一のゴシック様式というナンニ・ディ・ビアンコの「聖ルーカ」とルネサンス様式の確立者ドナテッロの「伝導者ヨハネ」という二つの彫像が並んでおり、両様式の特徴を理解するのに役立っていた。また十三世紀末のイタリアを代表する巨匠ジョットなどと肩を並べたアルノルフォ・ディ・カンビオ作の、左手に巻き物を持ち右手の指を立てて祝福を与えている幼子を膝に乗せて端然と座す「聖母子像」も印象的であった。

「聖歌集の間」では豪華に刺繍された上級聖職者の儀式用の衣裳とか、宝石をちりばめた大きな

「行列用十字架」などの宝物とともに、美しく装飾された聖歌集が中世以来の装丁技術を知らせて興味を引いた。また「八角形の金細工の間」では、金箔や透かし彫りで装飾された銀製の聖骨箱がガラスケースに並んでいた。

二階に上る階段の途中に、八十才のミケランジェロが彼自身の墓を飾るためにノミを振るったという「ピエタ」が置かれていた。作者自身の顔を刻んだという頭巾を被ったニコモデスが背後から・座した聖母が右からそれぞれキリストの遺体を支えている作品で、遺体の胴体以外は荒彫りのままであるが、見る人に簡素で重厚な作風と作者の深い信仰心を伝えていた。なお左から遺体を支えているマグダラのマリアは、一見して作風が異なることからもわかるように弟子ティベリオ・カルカーニが後に付け加えたものである。

二階の「聖歌隊席の間」に進むと、右側にドナテッロによる大理石の「聖歌隊席の浮き彫り装飾」が展示されていた。ドゥオーモの一方の聖歌隊席を飾っていたもので、外枠面は二本組みの十本の柱で区分されており、その中に金モザイクを背景に二十四人の小天使がそれぞれ異なった姿で一列に踊り進んでいる浮き彫りを収めたこの作品は、その正確な写実性や自然な動き・躍動感などから彼の傑作とされている。

一方、大聖堂の反対側の聖歌隊席を飾るためにこの作品と同時に発注されたのが、この部屋の反対側にあるルカ・デラ・ロッビアの「聖歌隊席」である。巾広の柱で二段八面に区切られた空間に、賛美歌集を手に歌い・楽器を鳴らし・踊る多くの少年少女の像が入り混じっていた。ともに古典の

中央・ドゥオーモ、ジョット塔（鐘楼）、ヨハネの洗礼堂、右・サンタクローチェ教会

研究と自然の観察を十分に積み重ねた二人の作家がほぼ同時に製作した作品を居ながらにして比較し眺めることができた。

ドナテッロの「聖歌隊席」の下には、西洋美術史上屈指の名作という彼晩年の作である木像「マグダラのマリア」が置かれていた。粗衣をまとい手を合わせ素足で立ち、老醜を気にせずただひたすら神に祈る厳粛な姿は見る人に強い印象を与えており、素材を浮き立たせる光は生命を・暗い部分は死を表すという。

左にある「パネルの間」には、ジョットの鐘楼を飾っていたパネルのオリジナル作品が展示されており、最後の展示室「祭壇の聖歌隊席の間」には、前記洗礼堂天国の門を飾るギベルティの金箔ブロンズ製のパネルが展示されていた。先に洗礼堂で眺めたものは複製で、旧約聖書の物語を遠近法を用いた絵画的手法を駆使して美

フローレンス（ミケランジェロ広場より）

しく描き出していた。また奥には銀に金箔とエナメルを施した「聖ヨハネの銀の祭壇」が見られた。

さらに中央入り口にミケロット作というヨハネの立像があり、その左右八枚のパネルの浮き彫りは、ゴシック末期から盛期ルネサンスまでにこの町で活動した多数の美術家の手になるヨハネの生涯を描いものである。

その後、観光客を縫うようにしてドゥオーモに戻り、正面からみて右手の側面にある入り口から四六四段の階段を登った。息を切らしながら高さ百メートル余りというドゥオーモ上の展望台に立つと、目の前の巨大なドゥオーモの丸屋根から中世さながらのフィレンツェの美しい街並が一望でき、さらに遠くトスカーナ地方の畑や丘陵が広がっているのが眺められた。そしてしばらく絶景を楽しみ水分を補給した後、美術館とは反対側のプロコンソロ通りに右折し、間もなくの左側にあるバルジェッロ国立美術館をめざした。ここはドナテッロの彫刻を中心にミケランジェロなど多くの有名人の作品を展示しながら、午後二時には閉館するので要注意。

【バルジェロ美術館からシニョリーア広場へ】

十三世紀半ばに自治都市フィレンツェの執政長官邸として建てられて以来警察本部や監獄・処刑場などにも使われた市内最古の公館は、十九世紀の改修工事によって陰惨なイメージを一掃し、創建当時の美しい塔をもつ世界的に有名なバルジェロ美術館として蘇った。

一階の最初の部屋で先ず目をひいたのがミケランジェロの「バッカス」。右足の膝を軽く折って浮かし気味にし、右手にブドウ酒の杯を軽く掲げた酒の神は髪もブドウの房状で、左横にブドウの精を従えて均斉のとれた若々しい肉体に陶然とした表情を浮かべて立っていた。その横には横を向いた偉丈夫の胸像「ブルータス」が見られ、ともに古代彫刻の影響が感じられた。またその正面には、ピッティ宮で眺めたラファエロなどの円画を思い出させる円形の浮き彫り「ピッティのトンド」が見られた。

他の作者のものとしては左手に酒杯を高く掲げて立つヤコポ・サンソヴィーノの若々しい「バッカス」や、首をわずかに右に向けて遠くに視線を送るベンヴェヌート・チェッリーの「コシモ・デ・メディチの胸像」が印象に残った。

そこから出た中庭はかつて処刑場であったといい、ギリシャ神話からゼウスが白鳥に化身して美しい女性レダと交わる場面を題材にとったバルトロメオ・アンマンアーティの官能的な「レダ」を眺めて二階に上り、多くの彫刻や祭壇画・工芸品などを目にしながら進むと、かつて議場だったという広々とした「ドナテッロの間」に到着。

先ず前記の洗礼堂北門の装飾コンクールに応募したブルネレスキとギベルティの浮き彫りパネルが目についた。ともに神がアブラハムに愛息イサクの殺害を命じてその信仰心を試したという旧約聖書の物語をテーマにしながら、前者は殺害の寸前に天使が父の腕をつかんでそれを止める場面を劇的に力強く表現しており、後者は刀を振り上げた父と縛られた息子が見つめあうなか天使が空から神の意志を伝えるという瞬間を優雅に表現していた。

この部屋の中央にあってひときわ目を引くのが、古代ローマ時代以来最初の裸体像というドナテッロの「ダヴィデ」。古代ユダヤ時代の英雄ダヴィデがペリシテ人の巨漢ゴリアテを飛礫で倒しその剣を奪って首を落とすという旧約聖書の物語に主題を求めたブロンズ像で、「若くしてたくましい金髪の美少年」という聖書の記述を忠実に再現している。腰に手をあて右足に重心をおいて左足をややくねらせ、目深に被った帽子の下で視線を下に向けて休息する姿は、均斉・調和に理想を求めたルネサンスの精神を作品化した彼の最高傑作とされている。なおこの部屋には彼の初期の作品という大理石像「ダヴィデ」も展示されており、前者との比較が楽しめた。

壁ぎわに置かれた白亜の大理石による「聖ジョルジョ像」も印象に残った。市内のオルサンミケーレ教会にあった作品といい、遠くに視線を送り左手で平和の象徴という十字架つきの盾を支えて立つ典雅な姿には、台座の浮き彫りを含め、前記「ダヴィデ」同様ギリシャ彫刻の影響と彼の透徹した写実性が感じられた。その他彼の作品としては、翼を休め両手を上げて微笑む愛嬌者「キューピッド」のブロンズ像や、砂岩でフィレンツェの紋章を彫った「マルツォッコ」なども眺められた。

三階に上がり「十五世紀後半の彫刻の間」に進むと、その工房からレオナルド・ダ・ヴィンチなど歴史に残る幾多の芸術家を輩出して「理想の師匠」と称されるヴェロッキオの作品が興味をひいた。「花をもつ淑女」は祈りの表情で両手を薄衣の胸に当てている大理石像で優雅な雰囲気を感じさせ、美少年を思わせる「ダヴィデ」は帽子と着衣をとると休息する構図が師であるドナテッロの前記「ダヴィデ」と極めて似通っていることからその強い影響がうかがえた。

この他にも「マジョリカ陶器の間」とか「小さなブロンズの間」、「武器の間」などに多くの作品が展示されていたが、時間の関係もありいつものように事前に予定していた作品を重点的に眺めたので、屋上の高い塔を目印にしてヴェッキオ宮殿をめざし、途中のシニョリーア広場で一休み。

この広場は共和国から大公国の時代にかけ政治の中心地で、周囲に政庁が置かれた宮殿とか開放回廊のロッジア・デイ・ランツィやメディチ家の事務局であったウフィツィ美術館などがあり、現在もドゥオーモ広場と並んで市内有数の盛場になっている。広場中央にはコジモ一世の騎馬像が見られ、今は複製が置かれているミケランジェロの「ダヴィデ」像も長くここに置かれていた。また筋肉隆々とした巨人が棍棒を持って睥睨しているバンディネッリの「ヘラクレスとカクス」は「ダヴィデ」と対になるよう製作されたものといい、ジャンボローニャとバルトロメオ・アンマナーティの合作になる巨大な海神ネプチューンの像が中央に建つ噴水は人々の憩いの場になっている。なおその近くにある丸いブロンズが埋まっているところは、ローマ教会とメディチ家支配下の町の腐敗を激しく非難して神権政治を叫んだサン・マルコ修道院長サヴォナローラが火刑に処せられたところである。

【ロッジア・デイ・ランツィ】

ロッジア・デイ・ランツィはかつてメディチ家によって建てられた雨天集会所で、今日多くの彫刻が人々の目を楽しませている。そのうちチェリーニのブロンズ像「ペルセウス」は、ギリシャ神話の英雄ペルセウスが左手に蛇髪の魔女メドゥーサの首を掲げその死体を踏み敷いて立つもので、その台座の浮き彫り「アンドロメダを救うペルセウス」とともに彼の代表作。またジャンボローニャの大理石像「サビニの女の略奪」は、三人の人物を螺旋状に上昇させている極めて技巧的で動きにみちた作品で、これら広場にある彫刻はともに、ルネサンス彫刻の最高峰をなすミケランジェロの影響を受けながらも技巧と美しさを強調することでそれを乗り越えようというマニエリズムの代表作とされている。

【ヴェッキオ宮殿】

屋上に高さ百メートル弱という美しい鐘楼をもつこの建物は、朝一番に訪れたドゥオーモの大ドームと並んで数百年にわたりフィレンツェのシンボルになってきた。共和国の政庁舎として建てられた十四世紀初頭のゴシック建築で、十六世紀にトスカーナ大公国の君主として町を支配したメディチ家がここを私邸兼政庁にすると、ヴェッキオ宮殿として現在見るような建物に変身させたという。

屋上を囲む胸壁や二〜三階に七つの小さな窓をもつ荒々しい石積みの外壁を眺めた後、町の紋章をもつ「フィレンツェの獅子像」を眺めながら政庁にしては狭い入り口から入ると、内部は想像を絶する絢爛豪華な装飾が続いており、ミケロッツォが改造したというアーチと柱が美しい中庭中央には、ヴェロッキオ作「イルカをもつ天使」の噴水が見られた。

最も華麗に装飾されていたのは「五百人広間（一五〇〇年代の間）」。本来この部屋はメディチ家が追放された十五世紀末に共和政復活の機関として大評議会を開くために増築されたもので、前記ミケランジェロの「ダヴィデ」像が共和政の象徴としてこの宮殿前に置かれたのもこの時である。しかしやがて復帰したコジモ一世は、画家・彫刻家・建築家で最初の美術史家でもあるヴァザーリを起用して大規模な改修を加え、この部屋から共和政の名残を払拭するとともに、正面奥にメディチ家出身の「教皇レオ十世」像を置くなどマニエリズム芸術によってメディチ家の権勢を誇示するための部屋に一変させた。

天井には格子で縁取られた多くの区画に大公国内の各都市の寓意が描かれており、フィレンツェの歴史に残る幾多の戦争が描かれた両側の巨大な絵画の下には多くの彫刻が並んでいた。そして右足で垂直に立ち左膝を下の人物の背中につき、右腕を肩のところに折って上半身を左にひねったミケランジェロの「勝利」はこの部屋にあり、そのダイナミックな躍動感はマニエリズムの先駆とも言われ次代の芸術家たちに大きな影響を与えたという。

これに対し「百合の間」はミケランジェロの師ギルランダイオが十五世紀に装飾した共和政時代の

ままで、中央に五世紀にこの町の司教であったという聖ゼノビウスなどフィレンツェゆかりの聖人を・両側にキケロやブルートウスなど共和政時代のローマの著名人を並べ、共和政を賛美していた。
また衣裳室には十六世紀の町の地図を織り込んだ華麗なタペストリーが見られ、公妃専用の礼拝堂であるエレオラ・ディ・トレド礼拝堂は、正面のピエタの絵をはじめ天井から壁にかけブロンズィーノの絵画によって埋められていた。このようにヴェッキオ宮殿は、富と権力の限りを尽くしたメディチ家支配下の繁栄の象徴であった。
美の殿堂ウフィツィ美術館は宮殿から近いものの、時間がいくらあっても足りないので最後に回し、その前にサンタ・クローチェ教会をめざした。最短距離はボルゴ・デ・グレチ通りであるが、「古いイタリア」の風情を感じるため途中まで中世以来の雰囲気を残す狭い裏通りを進むと、突然後から「ブォンジョールノ」と呼び掛けられた。振り返ると七十歳代と思われる婦人がニコニコしながら立っており、通り過ぎたばかりの店を指差している。一瞬戸惑った後、彼女が以前に革のベストとジャケットを買い紅茶とケーキをご馳走になった店の主人であることを思い出した。一見の客を記憶していたことに驚き懐かしさもあったが、先を急いでいることを身振りで示し、心暖まる思いで教会に向かった。

【サンタ・クローチェ教会と付属美術館】

市内最古と言う広場に面して建つこの教会は、庶民の中に生き庶民を救済することをモットーとしたフランチェスコ修道会の教会として十三～十五世紀に建てられた後期ゴシック様式の大建築。

ただ、天をめざす尖塔に象徴されるフランス起源のゴシック様式の影響を受けながらも、古代ローマ以来の伝統と庶民重視の教義を取り入れて高さを抑えるなど威圧感を避け、明るく親しみやすい印象を与えていた。

向かって左側に建つダンテ像を眺めながら堂内に入ると、ラヴェンナに残る幾つかの聖堂が示す初期キリスト教建築の伝統を受け継いだ木造の美しい天井が見られ、三廊式ながら尖頭アーチを支える角柱の間隔を広くとって堂内の単一感を見せていた。この修道会の特徴であり、庶民と同列に立って説教する聖職者と信者との一体感をめざしたものと言う。

ここで目をひいたのは側廊に並ぶ多数の著名人の墓で、ヴァザーリの構想になるというミケランジェロの墓碑は、上段にピエタ像と天使・中段に彼の胸像・そして石棺の上の下段に三人の彫像を置いてひときわ印象的であった。また左右に女神を従え手に望遠鏡を持ったガリレオの墓も印象に残った。その他ダンテやマキャヴェリなどの墓碑も見られ、右側側廊五本目の柱部分・マキャヴェリの墓の近くには、ドナテッロの「受胎告知」のレリーフが見られた。跪く左側の天使が右手を胸におき視線をマリアに向けながら告知しており、正面を向いて立つマリアが右手を胸にやや腰を引いて視線を受けとめ告知を受け入れている浮き彫りである。また左手奥には彼の「キリストの十字架」も見られた。

内陣に進むと、右手のバルディ礼拝堂に描かれたジョットによるフレスコ画「サン・フランチェスコの生涯」がすばらしかった。十三世紀の聖人フランチェスコは、生きとし生きる全ての生命は神の恩寵によるものとして民衆にわかりやすく現世での救済を説き、鳥や草花へも語りかけたことで知られる。そしてこの救済観に共鳴したジョットは、聖人とそれを取り巻く人物や自然を美しい色彩と写実的な手法で描くことで、民衆の素朴な信仰心を呼び覚まそうとしたという。まさに中世絵画からの離脱を感じさせる作風であった。

ここ必見の付属博物館は、いったん教会を出て正面右側の別の入り口から入る。最初の「大食堂」では、チマブエによる「十字架上のキリスト」を見ることができた。ジョットの師である彼は、これまでの伝統的なビザンチン様式の抽象的で神秘的な中世絵画の様式を色濃く残しながらもそこに留まらず、キリスト像に現実の人間の精神と量感を盛り込んで次のルネサンス絵画への確実な歩みを見せでいた。なおこの作品が顔などかなりの部分で剥落が見られるのは一九六六年のアルノ河の大氾濫で大きな被害を受けたためで、イタリアの科学と芸術の威信をかけた修復作業の記念碑的作品といわれる。

この部屋では他に、修復の時に壁から剥がされたタッデオ・ガッディのフレスコ画「最後の晩餐」や、洪水の被害の後に取り壊されたカヴァルカンディ礼拝堂にあったフレスコ画「聖フランチェスコと洗礼者ヨハネ」が見られ、次の「小食堂」では、ジョットとその弟子も手懸けたという教会のステンドグラスの断片や、ヤコポ・リゴッツィの壁画「修道師たちにパンを配るフランチェスコ」が見られ、第四室では、ドナテッロの絵画としては珍しい壁画「聖者の胸像と柱頭」が見られた。

そして最後に回ったブルネレスキの手になるパッツィ家の礼拝堂と、その奥にある修道院の回廊がすばらしかった。軽快な四角の建物にドームを乗せた会堂はステンドグラス以外に装飾を排し、ごく簡素な祭壇があるだけの明るい堂内には人気もなく、しばらく足を休めて洗練された空間の静まり返った雰囲気を味わった。

【ウフィツィ美術館】

フィレンツェ観光のフィナーレは、ことイタリアルネサンスの作品に関しては質・量ともに世界一と衆目が一致するこの美術館。三階建ての端正で美しい美の殿堂はもともと、フィレンツェを中心とするトスカーナ大公国の当主メディチ一世が、家政機関としての事務所兼公国の行政局として計画した十六世紀中頃の宮殿で、建築家ヴァザーリの代表作と言われている。やがて、十五世紀前半にフィレンツェに君臨したコシモ・デ・メディチ以来熱心に収集してきた大量の美術品は一括してここに保管されることになり、公国の国際的地位の向上にも一役買うことになった。そしてその後も歴代の当主によって収集され続けた膨大なコレクションは、当主が断絶したメディチ家から「フィレンツェの財産」として大公国に寄贈された十八世紀中頃に公開が始まった。

丹念に回ると一週間はかかると言われる作品のうち絵画館は三階にあり、先ず第二室に、フィレンツェに根拠をおいたチマブエによる十三世紀末の「サンタ・トリニタの聖母子」とその弟子ジョットによる十四世紀初頭の「オニサンティの聖母子」・そしてここから近いシエナで同時期に活躍したドゥッチョの「ルッチェライの聖母」という三つの祭壇画が見られた。ともに中世ゴシック絵画の最後を飾る最高峰とされ、新しい時代への橋渡しをしたことで知られる。またシエナ派の名作を集めた第三室ではシモーネ・マルチーニによる十四世紀前半の大祭壇画「受胎告知」が目を引き、第五〜六室には美しい色彩がルネサンス期の画家に大きな影響を与えたという国際ゴシック様式の作品が並んでいた。

初期ルネサンスの作品が展示された第七室では、先ず多数の人馬が激突するパオロ・ウッチェロの「サン・ロマーノの戦い」が見られ、最初の本格的肖像画といわれるピエロ・デラ・フランチェスカによる横向きの「ウルビーノ公モンテ・フェルトロ」とその妻「バティスタ・スフォルツァ」が新しい時代の到来を知らせていた。またこの部屋では、フラ・アンジェリコの「聖母子像」と「聖母戴冠」も見られた。次の第八室では、ルネサンス絵画の開拓者マザッチョの指導を受け後に人体描写に生命を吹き込んだと言われるフィリッポ・リッピの「聖母の戴冠」が印象に残った。

第十〜十四室には、当館が誇るボッティチェリの作品が並んでいた。海の泡から生まれたヴィーナスが貝殻に立つ「ヴィーナスの誕生」や、花が咲き乱れる楽園でヴィーナスを中心に薄衣姿で踊る三美神や春の精を描いた「春」などは最もよく知られた作品。また彼のトンド（円画）「マグニフィカットの聖母」も美しい聖母子像であった。

期待のレオナルド・ダ・ヴィンチの作品は第十五室にあり、屋外で人々とともに聖母子を礼拝する「三賢王の礼拝」や、合作をする過程で左下に彼が描いた天使を見て師ヴェロッキオが兜を脱いだと言われる「キリストの洗礼」・美しくも端正な「受胎告知」などが目を引いた。また特別室である第十八室ではヴァザーリの代表作「豪華王ロレンツォ・デ・メディチの肖像」も見られた。第二十室ではドイツルネサンスを代表するアルブレヒト・デューラーが廃墟を背景に聖母子と賢王を描いた「三賢王の礼拝」や、ルーカス・クラナハのリンゴの木の下に立つ「アダムとイヴ」などが見られた。第二五室にはミケランジェロの代表作「聖家族」があり、鮮やかな色彩と量感・内的躍動感が見る人を魅了していた。また二六室には幼子がびわ鳥を愛でている「びわ鳥の聖母」や威厳に満ちた「教皇レオ十世と枢機卿」「肖像画」「自画像」など一連のラファエロの作品が並びんでいた。

第二八室からは華麗な色彩と自然な写実が魅了するヴェネツィア派絵画で、ティツィアーノによる白絹の布に豊かな裸体を横たえる官能的な「ウルヴィーノのヴィーナス」や、肉感的な花の精を描いた「フローラ」などが目を引いた。次の第二九室ではマニエリズムの画家パルミジャーノの「首の長い聖母」が忘れがたい印象を与え、三一室では、水浴姿を覗かれた貞女が長老の邪悪な企みを顕わにして冤罪を免れるという旧約聖書の有名な物語を描いたロレンツォ・ロットによるマニエリズムの作品「スザンナと老人」が見られた。

第三三室では、ヴェネツィア派黄金時代の最後を飾ったヴェロネーゼによる「聖家族と聖バーバラ、聖ヨハネ」が目を引き、濃い色彩による陰影と光を巧みに使って聖母を親しみやすい女性として描いていた。また出口階段の前を通り越して入る第四一室はバロック絵画の部屋で、ルーベンスが最初の妻を描いた「イザベッラ・ブラントの肖像」やフランス王に嫁いだマリア・デ・メディチのために描いた「アンリー四世のパリ凱旋」・ヴァン・ダイクの肖像画「マルゲリータ・ディ・ロレーナ」などが印象に残った。

第四三室では、十七世紀の美術界を飾る二人の巨匠の作品が眺められた。一人はカラヴァッジョで、左手に酒杯・右手に秋の果物を持った「若きバッカス」や、美しい色彩と明るい光のなかに愛児に刃を向けるアブラハムと彼に語りかける天使を描いた「イサクの犠牲」が見られ、他の一人はアンニーバレ・カッラッチで、裸のヴィーナスの白い後ろ姿にのみ光を当てて秋の実りを掲げたサテュロスと向き合わせた「ヴィーナスとサテュロスとキューピットたち」が印象的であった。第四四室はレンブラントとフランドル絵画の部屋で、光と影の画家レンブラントの顔と手にのみ光を当てた「老人像」や初期の作品という「自画像」が印象に残った。また当美術館最後の第四五室には十八世紀のイタリア・フランスの作品が集められており、カナレットによるヴェネツィアの風景画「大運河」や大運河側から描いた「ヴェネツィアのドゥカーレ宮殿」などが目を引いた。

なおヴェッキオ橋のところでふれたヴァザーリの回廊はこの美術館から通じている。私邸をヴェッキオ宮殿からピッティ宮殿に移したメディチ一世は、治安上のこともあってピッティ宮殿からアルノ河を渡ってウフィツィ宮殿・さらにはヴェッキオ宮殿までをつなぐ二階建ての渡り廊下の建築を、当時を代表する建築家であり画家であり美術史家でもあるヴァザーリに命じた。以後土を踏むことも市民と接することもなく両宮殿の行き来が可能になった大公は、息子の婚礼に合わせて落成式を行い、国の内外から招いた大勢の賓客とともに渡り初めをしたという。当時のフィレンツェの繁栄と大公の豪奢な生活の象徴である。

やがて閉館時間。街灯が旅情を深める石畳の小路を、名物の牛ステーキとキャンティワインが待つS・M・ノヴェッラ広場近くのトラットリア・ブーカ・マリオへ向かった。

塔の町サン・ジミニャーノから聖母と広場の町シエナ

【サン・ジミニャーノ】

丘の上に長い年月を刻んできた通称百塔の町は、丘をまたぐサン・ジョヴァンニ門とサン・マッテオ門を結ぶサン・ジョバンニ通りとそれに続くサン・マッテオ通りがメインストリートで、町の主な見どころもこの一本の通りに集まっている。

最初に向ったのが狭い坂道を登りきった町一番の高台にある城壁最上部の要塞跡で、途中のすり減った石畳の両側に続く古い煉瓦造りの建物が中世さながらの雰囲気を感じさせていた。見張り台であった頂上に登ると、西側には彼方まで続くブドウ畑と遠くの山並が視界のはてまで続き、眼下にはほぼ同じ規格の灰色の古い家並みが続く旧市街とその外側の赤い屋根をもつ新しい家並みが眺められた。一方反対側にはあまり広くない旧市街の中心部が見下ろされ、眼前に八本の高い塔が認められた。

そこから先に登ってきた道を下ったところが、七本の塔と古い建物に囲まれて静まり返っているドゥオーモ広場である。階段を上った正面に堅牢なロマネスク様式のドゥオーモがあり、その左手には高いグロッサの塔をもつ焦茶色の屋根に古色蒼然とした黄色い外壁のポポロ宮殿が建っていた。前者にはミケランジェロの師ギルランダイオがこの町の守護聖女サンタ・フィーナを描いたフレスコ画

「聖女サンタ・フィーナの生涯」が、後者の三階にある博物館にはフィリッピーノ・リッピによるフレスコ画「受胎告知」があることが知られているが、この日はこの後シエナ観光を控えていたため入場を諦めた。そして十三世紀のものというポデスタ宮殿を含めた周囲の建物が広場につくりだしている中世さながらの景観にしばし見入った後、要塞よりもドゥオーモや宮殿の内部の観光を優先してもよかったのではないかなどと考えながら、右手に隣接しているチステルナ広場に向った。

この広場も何本もの塔と古いままの建物に囲まれており、一階部分は土産物などの店とかレストランとして使われていた。またカフェのテラスでは、何人かの年配の客が日溜まりの席にかたまって食事をしていた。そして広場の中央には広場の語源になっている井戸（チステルナ）が残っていた。かつては高台にある町の重要な水源であったという。

なお交通の要地でありサフランの産地として九世紀～十四世紀に自治都市として繁栄したこの町にはかつて七十本を超える塔があったといい、今も十数本が残っている。最初は勢力争いに備えての軍事的なものであったが、後には富と権力のシンボルとして有力者が高さを競うようになり、やがて虚栄からくる弊害を防ぐため一三一一年にグロッサの塔より高くすることを禁じ、さらにフィレンツェの支配下に入ったこともあって競争は止んだという。

広場からサン・ジョバンニ通りに入ると、ゆるやかな下り坂になっている石畳の両側には古いままの建物の一階部分に看板もほとんどない店が並んでいた。ここの名産として知られる辛口の白ワイン「ヴェルナッチア・ディ・サンジミニャーノ」の壜が埃をかぶったままで並んでいる店とか陶磁器の店・土産物屋・木製食器の店などが続き、しばしば猪の剥製を看板代わりにした猪サラミの店も見られた。

【シエナの大聖堂とカンポ広場】

次に訪れたシエナは三つの丘の上にある町であった。ローマの植民市から出発し、豊かな農業生産と交通の要衝という利点を生かして十二世紀半ばには金融業と交易を基盤に自治都市に発展し、十三世紀に入ると中世イタリア芸術の最高峰としてその芸術を全国に発信するなど最盛期を迎える。そして近くのフィレンツェとトスカーナ地方の覇権や金融業の利権をめぐって激しく争った。市長以下全市民が帽子と靴を脱いで工事中のドゥオーモに集まり、市の守護聖人聖母マリアに祈って出陣した二万人のシエナ軍が、七万人のフィレンツェ軍に対して奇跡の勝利をおさめた一二六〇年のモンタペルティの戦いはこのようななかで起こった。そして以後市民はシエナを聖母の町と呼ぶようになった。

既に十二世紀に始まっていた聖母マリアに捧げるドゥオーモ（大聖堂）の建築工事は、戦いに勝利したことで意気上がる全市民の奉仕によって急速に進み、十四世紀初めには当時世界最大をめざしていた宿敵フィレンツェのサンタ・マリア・デル・フィオーレ教会を凌ぐべく、大拡張工事が始められた。しかし十四世紀半ばになるとシエナは人口の約半分を失うペストの蔓延と飢饉が続いて財政難におちいり、工事は中断を余儀なくされた。

このような歴史を刻むドゥオーモは、坂道を上り切った町の最も高い丘の上に壮麗な姿を見せていた。窓のない白大理石の壁を四本の細い黒色の大理石で横縞をつくっただけの側面を眺めながら正面に向うと、フランスでゴシック建築を研究して帰国したジョヴァンニ・ピサーノが設計と彫刻を担当した華麗なファサード（建物正面）が眺められた。

一階部分には多くの柱頭の彫刻や聖人像などに飾られたロマネスク様式の三つの入り口が並んでおり、ブロンズの扉がある中央入り口上部のタンパン（半円アーチの壁）には市民の団結の象徴として太陽のシンボルが掲げられていた。

それに続く二階部分からは、尖頭形の窓や壁面を覆う彫刻群・大小の小塔・ビザンチン様式のモザイク画などに飾られたジョヴァンニによる華麗なゴシックの世界で、女神の彫像が立つ最上部の三角形の破風壁には聖母戴冠を描いたモザイク画が見られた。また建物からできるだけ離れて改めて全景を眺めると建物の中央部にロマネスクの大ドームが見られ、その右手には上にいくほど窓を多くした縞模様のロマネスクの鐘楼が端正な姿を見せていた。

堂内に入ると、白と黒の大理石を交互に使った柱や壁が目について独特の雰囲気をかもしだしており、ロマネスク部分最上部の側壁には多くの教皇の彫刻が並んでいた。そして振り向くと、入り口上部の大バラ窓のステンドグラスが美しかった。シエナ派を代表する画家ドゥッチョの下絵にもとづいて十三世紀に造られたといい、「聖母の死」や「聖母被昇天」などが主題になっていた。

しかしここで最も目をひいたのは色と線による床の装飾で、四角形の五六面の区切りに二百年をかけて施したという大理石の象嵌細工は、ヘロデ王の幼児虐殺など聖書に題材をとった作品であった。それを眺めながら大ドームの下まで進むと十二角形の円天井には多数の守護聖人や預言者を描いた小円柱が掲げられており、その下に主祭壇とピサーノ父子による白大理石の説教壇が置かれ、キリストの生涯を描いた浮き彫りが美しかった。

また左手には、ピントリッキオが後に教皇になるピッコローミニの生涯を描いたフレスコ画をはじめ多くの装飾が天井から壁・床をおおう華麗なピッコローミニ図書館があり、左手の壁面にはミケランジェロの「パウロ像」が見られ、さらに帰りぎわ、入り口近くの床にローマ建国の神話に登場するロムルスとレムスのモザイク画が目に入った。

聖堂からこの日最後の目的地カンポ広場をめざして先に来た坂道に向ったが、広場をはさんで鐘楼の向い側にドウッチョの「マエスタ」（荘厳の聖母）があることで知られるドゥオーモ付属美術館があった。聖母像を得意とするシエナ派の画家として知られていたドウッチョは、市民の祈りと期待と喜捨のなかでドゥオーモから依頼された聖母像の制作に取り組み、一三一一年に完成すると全市民が自然発生的に行列を組んで工房からこの作品を運び出し、町の中心であるカンポ広場を一周した後、狭い急な坂道をドゥオーモまで担ぎ上げたという。以後マエスタと呼ばれる聖母子を中心とした一連の作品群はドゥオーモに飾られて市民の信仰と結束の絆になり、付属美術館に移された今日も、中世最高の祭壇画の傑作として讃えられている。

また広場から坂道へ入る右手に、大拡張工事後にドゥオーモの正面になるはずであった建物が未完のまま放置されていた。工事が中断した十四世紀半ば以後シエナには二度と繁栄が戻らず、やがて宿敵フィレンツェの支配下に組み込まれていった。そこから下る狭い石畳の坂道の両側には十三〜十四世紀に「お屋敷」であったという四〜六階の古いままの建物が並び、その一角にゴシック様式のシエナ大学があり、日溜まりに学生がたむろしていた。

そのまま進むとやがて突然視界が開け、カンポ広場の上縁部に立っていた。赤煉瓦を敷き詰めた広場は緩やかに傾斜する扇形をしており、要にあたる最底部から放射状に上縁へ伸びる石の縁線によって九等分されていた。自治都市シエナが市民によって選ばれた九人の代表によって運営されていたことの象徴という。

上縁部中央には十五世紀初頭のヤーコポ・デッラ・クエルチアによる浮き彫りで装飾された華麗なガイアの噴水が見られた（オリジナルの大理石パネルは市立博物館に保存）。十四世紀半ばの大規模な地下水路工事によって丘の上まで水が通るようになり、水不足に悩んでいた市民が噴水から水がほとばしった時にあげた歓声（ガイア）が語源という。

一方最底部には下が煉瓦造り・上が白い石材からなるマンジャの塔が夕暮前の空を背景にスマートな姿でそびえ、その下に十四世紀初頭に完成した世界一美しいといわれるゴシック様式の市庁舎・プッブリコ宮殿が重厚な姿を見せていた。一〇二メートルという塔の高さはドゥオーモの鐘楼と同じで、これは市と教会が対等であることの宣言であった。時計が普及するまでは、眺望絶景のこの塔から市民に時を告げる鐘が鳴らされてきたという。

また市庁舎はかつて立法・行政・司法を行なう自治都市シエナの象徴であった。現在一階は市役所として使われており、二〜三階は市立博物館になっている。そのうち、二階の世界地図の間にある「マエスタ」は前述のドウッチョの作品より四年後に同じ構成でシモーネ・マルティーニが描いたもの。次の平和の間にあるロレンツェティの「善政の効能」「悪政の弊害」とともに強く印象に残った。これらは、九人の評議員による政治を聖人が監視するためのものとして発注されたと伝えられている。

広場を囲む道路沿いにはゴシック様式やルネサンス様式など中世の趣を感じさせる数階建ての建物が並び、一階部分では景観に溶け込むよう配慮しながらレストランやカフェ・土産物屋などが営まれていた。そしてここでは、「広場に面した建物は窓に柱をつけ、同じ様式にせよ」という七百年前に出された都市計画に関する世界最古の法令が今なお守られており、個性と全体の調和が完璧な世界一美しい広場という名に恥じない姿を見せていた。

カーニバルの服装をした少年の手を引いた老婦人が小路から出てくるのを眺めながら繁華街のチッタ通りをいったんホテルに戻り、夕食の後にワインで火照った頬を冷たい空気にさらしながら再び訪れた広場の夜景がすばらしかった。暗い夜空を背景にライトアップされた赤褐色のマンジャの塔がひときわ美しくそびえ、広場を取り巻く建物も色とりどりにライトを反射して日暮前とはまた違った魅力的な景観を見せていた。

丘の町ペルージャから聖人の町アッシジ　さらに聖母の大聖堂が美しいスポレートへ

【ペルージャ】

次に訪れたこの町は、イタリアで二番目に古い大学のある町とかローマ以前のエトルリア時代に起源をもつ古い町・あるいはウンブリアの州都とかラファエロの師ペルジーノの故郷といったことで知られてきたが、今日の日本ではむしろサッカーの中田英寿選手がこの町のセリエAのクラブに在籍したことで有名になった。この町もやはり丘の上にあり、いくつかのエスカレーターを乗り継いで旧市街をめざした。

町の中心にあるのが「十一月四日広場」で、中央にある大噴水（フォンタナ・マジョーレ）は、ニコラとジョヴァンニのピサーノ父子の手になる多くの聖人像と、それを囲む十三世紀の民衆の生活を描いた浮き彫りのパネルによって飾られていた。

その左手に建つのがかつては市庁舎であった端麗なゴシックの殿堂プリオーリ宮殿で、現在は国立ウンブリア美術館になっており、この町が生んだペルジーノとピントウリッキオの作品を多く収蔵していることで知られている。ラファエロの師として知られるペルジーノの作品としては、代表作のひとつに数えられる「死せるキリスト」をはじめ若い頃の作品「東方三博士の礼拝」などかなりを数え、ペルジーノの助手から出発したピントリッキオの作品は「受胎告知」や「聖母像」などが目にとまった。さらに、上部に受胎告知・中央に聖母子・その左右にヨハネとフランチェスコをおいたピエロ・デッラ・フランチェスカの祭壇画「聖母子と諸聖人たち」もすばらしかった。

このようなルネサンス期の作品の他にも、ここには祭壇画などルネサンス以前のビザンチン様式の宗教画が多く見られ、あちこちの教会からここに移されたものも少なくないという。そのうち古いペルージャの町を描いたフレスコ画には多くの塔が見られた。しかしこれらの塔は町が教皇領になってから全て破壊されたという。そして教皇領になった十五〜六世紀からの作品の多くはローマなどから運んだものが多いといい、遅い時期のものはバロックへの接近が見られた。

宮殿と向かい合っているのがこの町の守護聖人サン・ロレンツォを祀るドゥオーモで、十四世紀にゴシック様式で建てられて以来何度かの改修を経て今なお未完であるが、創建以来ペルージャ市民の信仰の中心となってきたという。内部は三廊式で天井は多くのフレスコ画で飾られており、左手の壁面にはこの町に蔓延したペストをマリアが静めた物語を描いたフレスコが見られた。また後陣を飾る多くの聖人が描かれたステンドグラスが美しく、ゴシック芸術の傑作といわれている。

昔のままの面影を残すドゥオーモ裏手の狭い坂道を下ると、巨大なエトルリア門があった。基礎のあたりには紀元前三世紀にエトルリア人によって築かれたままの部分が見られ、都市国家から地中海の覇者へ歩むなかでローマ帝国が各地に建設した大規模な土木建築の多くは、このようにエトルリア人の技術になるという。そこからさらに進むとイタリア唯一の外国人大学があった。また古いままの高層集合住宅群のなかにローマの水道橋が残っており、現在は道路として使われていた。そして坂道の煉瓦の壁に、大きくNAKATAと記され風雨に汚れたポスターが残っていた。

【聖フランチェスコとダンテとジョット】

ペルージャに別れを告げて車は同じウンブリア州のスバシオ山の中腹にあるアッシジをめざした。

ここは聖フランチェスコの故郷で、十二世紀末にこの町の大商人の息子として生まれ放蕩のかぎりを尽くしていた青年フランチェスコは、ある日を境に突然修道院に入り清貧と謙譲と服従を旨とする苦行僧の生活に入った。以後人々に神の愛を説きながら生涯この生活を貫き、キリストの再来と慕われた。そのため彼は死から二年後にローマ教会から聖人と認められ、その二年後には山の中腹に完成したこの聖堂に祀られた。

彼の説教の核心は自然を神の創造物・神の愛の賜物とみなし、自然の一部である人間の幸福は当然のこととして神の恩寵の結晶である自然のなかに、すなわち「幸せはこの世にある」と説いたところにある。ここに、死後の救済を説く従来の教会との最大の違いがあり、これまでローマ教皇庁がなしえなかったキリスト教の民衆化を、彼と彼の後継者たちがなしえたのもこのためである。後にこれと同じ考えに立ったのがルネサンスの先駆者として有名なダンテで、彼は青年時代に書いた「新生」のなかで恋人ベアトリーチェとの現世における幸福をうたっている。そしてダンテと接することによって現世の価値に確信を抱いたのが若き日のジョットで、先のパドヴァのスクロヴェーニ礼拝堂や次のサン・フランチェスコ聖堂に見る彼の作品が自然と人間を生き生きと描いているのは、自然と人間を神の愛の賜物と確信するが故に在るがままに表現しようとしたためである。この世は汚辱に塗れた存在であるとした従来の考え方からは、人と自然を写実的に描くという発想は生まれるはずがなかった。

麓から見上げるアッシジの町は中世都市の常としてこれまでの町と同様に城壁に囲まれており、

山の頂上付近には大城塞が眺められた。なおこの町の建物はどれも大城塞の裏側から切り出したピンク色の石材でできているため、町全体が時代を経た薄桃色を呈して落ち着いた美しさを見せていた。そしてめざす聖フランチェスコ大聖堂は左手の山腹斜面に壮麗な姿を見せていた。なお前回訪れた時はこの地方を襲った大地震の直後で町中に被害の跡が生々しく、大聖堂の上堂は入場禁止であったが、復興は今なお完了していなかった。

【アッシジのフランチェスコ大聖堂】

聖堂前広場の左右にある回廊が美しいロマネスク様式の下堂は一二三〇年の完成といい、入り口左手に長方形の塔を乗せていた。フランチェスコやキリストの彫刻とかフレスコ画・柱頭の彫刻などに飾られた正面入り口から入ると、天井が低く薄暗い内部は多くのフレスコ画によって飾られていた。そのうちフランチェスコの容貌を最もよく伝えると言われるチマブーエの「聖母子と聖フランチェスコ」や「キリストの磔刑」・「バビロンの崩壊」などが目につき、またキリストの遺体を十字架から降ろす聖母たちの悲しみを描いた「十字架降下」やテーブルを取り巻いて使徒が座っている「最後の晩餐」などロレンツェッティの一連の「キリスト伝」と、シモーネ・マルティニの「サン・マルティーノの生涯」も印象的であった。なおフランチェスコの墓がある地下では、白い聖衣姿の聖職者たちによるミサが行なわれていた。

屋上に上ると回廊になっており、一階の中庭とその周囲の回廊も眺められた。回廊は聖職者が瞑想する場所として重視され、多くの修道院や教会に設けられている。そこから上堂に向うと、そこはまだ地震で破損した部分の補修中で重機や高い足場が見られた。

高い天井に明るい室内という上堂は当時フランスから入ってきた新しい建築技法を取り入れたゴシック様式で、一二五三年に完成した。イタリア最古という美しいステンドグラスもドイツやフランスから職人を招いて造られたといい、その下には彫刻に飾られた見事な聖歌隊席も見られたが、主祭壇は補修中なのかまだ置かれていなかった。

しかしゴシック様式とはいっても、それは鋭い線が天をめざして人々を威圧するかのように荘重にそびえるフランスなどのそれとは異なり、高さを抑えた身廊も塔も柔らかく温かみを感じさせる形を採って民衆に親しみやすくしていた。イタリアゴシックの最高傑作のひとつとされる所以である。フランチェスコの後継者であるフランチェスコ修道会は、フィレンツェのサンタクローチェ教会の建築様式にも見られるように、神の言葉が自然に民衆の心に溶け込んでいくように努めた師の教えを建築にも取り入れていた。

この上堂で有名なのが、既に高名であったチマブエにより招かれた若き日のジョットが壁面いっぱいに描いた二八枚の聖フランチェスコ伝である。そのうち特に、放蕩児であったフランチェスコが突然父からもらった衣服を脱ぎ捨てて神から与えられたもの以外一切身に着けないという決意を示した「財産放棄」とか、当時の西ヨーロッパを政教両面で支配していた教皇イノケンティウス三世が乞食のようなフランチェスコに修道院活動の許可を与える契機になったと伝えられる「イノケンティウス三世の夢」・「貧者に外套を与えるフランチェスコ」・最初の弟子で尼僧院を開き終生師とともに清貧純潔の生活を送ったキアラが師の遺体と別れを告げる場面、そして小鳥も神の創造物である以上神の言葉を理解するはずとして小鳥と対話する最も有名な「小鳥説法図」などが印象に残った。ジョットはこれらの絵を通して、民衆の感情に自然に溶け込みその心を信仰に駆り立てることができる実在感・現実感をともなった宗教画の技法を確立していった。

また上堂の入り口背面から両側壁にかけては、チマブエの指導の下にヤコポ・トルリーティやジョットなどが描いたという旧約聖書と新約聖書の物語が見られ、その一部は先の地震による被害で復元不可能ということであった。そして左手奥の南袖廊にはチマブエの傑作として知られる力強い表現の大壁画「キリストの磔刑」が眺められた。

上堂を出て振り返ると、下堂の長方形の鐘楼と高さを揃えてバランスをとったという一対の円筒形の塔をともなった上堂の壮麗なファサードがすばらしかった。この後何人もの黒衣の修道士とすれ違い、車を運転する修道女に驚きながら、この町の中心地コムーネ広場からドゥオーモやサンタ・キアラ教会方面をめざしたが、これらについては前掲書で紹介したのでここでは省略する。

【サンタ・マリア・デッリ・アンジェリ教会】

最後に、薄靄のなかにはてしなく広がる畑や集落を眺めながら山腹からの坂道を下って向かったのが、山麓にある白亜の殿堂アンジェリ教会。聖フランチェスコが亡くなったポルチウンコラ礼拝堂を覆うようにその上に建てられた十六世紀のバロックの殿堂で、正面屋上に陽を反射して輝く黄金の聖母像が掲げられていた。

ドーリア式の柱とバルコニー、そしてフランチェスコやキアラなど多くの彫刻に飾られた正面から入ると身廊内部は意外に簡素で、多くのフレスコ画に飾られた両側の礼拝堂が美しかった。正面奥に向って進むと、主祭壇前にこの教会最初の建物という巨大な神輿を思わせるポルチウンコラ礼拝堂が置かれ、その背後から光を導いているステンドグラスが美しかった。また裏手に回ると、聖フランチェスコが寝泊りしたという半地下式の部屋があった。彼はベッドも置かず直接に石の床に寝る清貧の生活を貫いたと伝えられている。

それにしてもアッシジの夜景はすばらしかった。ライトアップされた聖堂が凍える星空に映え、回廊が一種独特の柔らかい雰囲気を醸し出していた。またそこから眺める下界は民家の灯りと車のライトが黒地に宝石をちりばめたような美しい景観をつくりだし、もしかホテルが山麓の町になるのではという不安は幸いにしてまったくの杞憂に終わった。

【スポレート大聖堂とフィリッポ・リッピ】

次に訪れたスポレートの町も、エトルリア都市・ローマ都市から後に中世都市に成長した丘の上の町で、駐車場から右手はるかにローマ時代の水道橋を基礎に造られた塔の橋が眺められ、駐車場横にはビザンチン様式の聖堂が半ば崩壊した姿をさらしており、右手山頂には中世の壮大な城塞が眺められるなど、この町の長い歴史を物語っていた。

そこから町に入ると狭い石畳の両側は、これまでの町と同様に中世のまま時間が止まったかと思わせる雰囲気を残していた。古いまま今なお使われている石造りの高い集合建築の間の坂道を上り下りしながら進むとやがてピアッツィの泉があるメルカンティ広場で、見回すと周囲には中世さながらの建物の一階にカフェや土産物屋などの店が伝統的な景観を損なわないようひっそりと並んでいた。そしてそこからしばらく進むとドゥオーモが見下ろせる広場であった。

ドゥオーモは十二世紀のロマネスク建築で、古色騒然としたこの聖堂はルネサンスを代表する画家の一人フィリッポ・リッピのフレスコ画があることで知られている。ベルニーニの彫刻がある扉から入った内部は三廊式で、左右の礼拝堂と中央奥の祭壇後方以外に装飾はなく、右側最初の礼拝堂にピントウリッキオのフレスコ画「聖母子像」が見られた。

子供の時に孤児になったフィリッポ・リッピはフィレンツェの先に訪れたサンタ・マリア・デッレ・カルミネ教会に拾われて自分の意志とは関係なく修道士にされ、絵を描く以外に興味を示さない生活ぶりに手を焼いた先輩修道士たちは彼を画僧にした。そしてロレンツォ・モナコから国際ゴシック様式の多様な色彩を学ぶとともに、前記ブランカッチ礼拝堂に入り浸るようにして眺めたマザッチョの壁画から写実的な作風を学びとり、後には今回の旅でも見たウフィツィ美術館の「聖母子と二天使」において「初めて生きた人間の表情と肉体を描いてルネサンスを全面開花させた画家」として名声をはくした。

一方それより前、名声からプラトーの大聖堂の装飾を依頼され、聖歌隊席の壁に洗礼者ヨハネ伝と聖ステファヌス伝を描き始めたが、その頃マルゲリータ尼僧院の副司祭になった五十歳の彼は二十歳の尼僧ルクレーツィアと駈け落ちして子をもうけただけでなく、今も名作の誉れ高いその壁画の一部「ヘロデの宴」の中心で薄衣をなびかせながら踊るサロメをルクレツィアに似せて描き、激しい非難を浴びた。もっとも彼には、教皇を出すなど当時強大な勢力をもっていたフィレンツェの事実上の支配者メディチ家の保護があり、聖職者の身分を剥脱されることもなくその後も制作活動を続けて多くの作品を残している。

一四六八年にこのドゥオーモの装飾を依頼されたリッピは妻と二人の子供をともなってこの町に移り住み、壁面に華麗な聖母の生涯を描いた。後陣の主祭壇後方の大壁画がそれで、下半分の左端には、大天使ガブリエルが戸外から室内のマリアに受胎を告げ窓からは天使が光を当てている「受胎告知」が見られ、右端には天上の雲の上から三人の天使が祝福している「キリストの誕生」が見られた。

そしてその間の広い壁面に、ベットに横たわるマリアとそれを囲んで悲しみ祈る人々を描いた「聖母の死」が広い山野を背景にして描かれており、その上の半円のドームには天国のマリアが両側の大勢の聖人・天使に祝福されながら冠を授けられる「聖母の戴冠」が見られた。妻ルクレツィアをマリアのモデルにしたというこれらの美しい作品は彼の絶筆になり、弟子たちにより完成されたというが、今回の旅で最も大きな収穫になった。

ギリシャ彫刻からルネサンスの名画まで──美の殿堂ヴァティカン宮殿美術館

【ラファエロの間】

おびただしい美術作品の収蔵が知られているヴァティカン宮殿は、これまでシスティーナ礼拝堂を除くとほとんど足を踏み入れたことがなかった。それで今回はローマでの日程の中の丸一日をここに的を絞り、一巡するだけで何日もかかるという宮殿美術館のうち、ラファエロの間とシスティーナ礼拝堂と絵画館、それと古代彫刻を集めたピオ・クレメンティーノ美術館を中心に回り、余った時間をサン・ピエトロ大聖堂の観光にあてることにした。

前回チケット売場まで息を切らして駈け上がった有名なジュゼッペ・モーモの螺旋階段に替わって今回はエレベーターが設置されていたのでそれを利用し、ラファエロの間をめざしたが、素通りに近かった途中の燭台の間やタペストリーの間・地図の間などは各種の地図などの展示物だけでなく天井から床までの建物自体が豪壮華麗な芸術品であった。

通称「ラファエロの間」と呼ばれているのは、ラファエロが教皇ユリウス二世から装飾を依頼された四つの部屋の総称で、当時フィレンツェで名を成していた彼は二五歳の一五〇八年から一五二〇年までここで壁画を描き続け、完成をまたず三七歳で亡くなった。

先ずエリオドーラの間では、フン族の大軍が東ヨーロッパを席巻してローマに迫った時のエピソードを描いた「アッティラ王と教皇レオとの対面」の壁画と、その反対側の壁に描かれた「聖ピエトロ（ペテロ）の解放」が印象に残った。特に、反対派の策謀によってエルサレムの牢獄につながれたペテロが夢のなかに現れた天使によって救い出されるという、新約聖書が伝えるペテロの奇跡に題材を採った後者はすばらしかった。鎖につながれて鉄格子の向こう側にいるペテロに天使の全身から放たれる光が当たっており、一段下の階段にその光りに目が眩んで倒れる兵士が描かれていた。まばゆいばかりの光と陰の対比やヴェネツィア派を思わせる美しい色彩が作品をより魅力的なものにしていた。

最も有名な作品が並ぶのが教皇の書斎であった「署名の間」で、神学・法学・哲学・詩学を表す壁画が描かれた四方の側壁から天井まですべて彼の手になるという。その中でも特によく知られているのが哲学を示す「アテネの学堂」で、古代ローマ風の広大な学堂とそこに集う五十人以上の人物が遠近法を駆使してみごとに描かれていた。中央で、上を指差し真理が天にあることを示して立つのがレオナルド・ダ・ヴィンチをモデルにしたというプラトン・その隣で手を前に伸ばし地上の事物の探求を示して立つのがアリストテレスである。また中央下で机に頰杖をつき何か書いているのがミケランジェロをモデルにしたという自然哲学者ヘラクレイトスで、右下の床に置いた額にコンパスを当てているのは数学者ユークリッド。そして画面右手前から二人目の顔はラファエロ自身であるという。

この絵と向かい合った壁面を飾っているのが神学を示す「聖体の論議」。上部を半円形にした広い画面を雲で上下に二分し、天国を示す上の部分に黄金の光背のなかにキリストを中心にマリアとヨハネが座し、地上を示す下半分には聖餐壇を中心に右手の教皇をはじめ聖体の意義を論ずる多くの人々が描かれていた。

また「アテネの学堂」の左側の壁には詩と芸術の勝利を示す「パルナソス」があった。パルナソスとは、音楽と詩の神であるアポロンが彼に仕える九人の女神と住むギリシャの山である。月桂冠をかぶったアポロンが中央で弦楽器を弾き、薄衣をまとった女神たちや古今の大詩人たちがそれを囲んで集う様子が、野外の背景とともに華麗に描かれていた。

一方、天井画もすばらしかった。神学・哲学・法学・詩学のそれぞれの壁画の上にはその学問の女性擬人像がきらびやかな円環のなかに描かれており、その間の四隅上部には旧約聖書の「アダムとイヴ」「ソロモンの審判」と神話の「天体の起動」「アポロとマルシュアス」が金色のモザイクを背景にした四角の画面に描かれ、先の「アテネの学堂」以下の作品とともに神学と哲学の統一をめざしたルネサンスの精神を表現していると言われる。

彼が最後に手掛けた「火災の間」を飾る「ボルゴの火災」は、八四七年の火災でヴァティカン宮殿に迫った火の手が教皇レオ四世の祈りで瞬時に消えたという奇跡の伝説を題材にした作品で、彼の下絵にもとづいて弟子のジュリアーノ・ロマーノが完成したもの。逃げ惑う女性や子供・瓶や壺で水を運ぶ人・階段の上で火に水をかける人などが、鮮やかな色彩と生き生きとした動きのなかに表現されていた。なお四つの部屋のなかで最も広い「コンスタンティヌスの間」には「ミルヴィオ橋の戦い」以下の壁画が見られたが、それらはすべて彼の死後弟子のジュリアーノ・ロマーノによって描かれたものという。

ラファエロがユリウス二世からの依頼によってこれらの部屋の装飾をすすめていた同じ時期、ミケランジェロもまた同教皇からの依頼で教皇専属の公的礼拝堂であるシスティナ礼拝堂の天井画の制作をすすめていた。そのようなある日、教皇との意見の衝突によってミケランジェロがローマを離れた隙に乗じたラファエロは、ミケランジェロが助手以外入ることを許さなかった礼拝堂に密かに入り込んでその技法を学んだといわれている。

【システィナ礼拝堂】

次に向ったのが二度目になるこの礼拝堂で、天井は先のラファエロの間と同じ時期にミケランジェロによって描かれた「光と闇の分離」から「ノアの泥酔」にいたる旧約聖書にある天地創造の九場面と、その両側のヨナからザカリアにいたる十二人の預言者や巫女によって埋められ、さらにその外側の三角弧壁面にイスラエルの民の救済物語・半円区画にキリストの祖先たちの物語が配されていた。一五一二年秋、四年半の苦吟に満ちた努力の結果この大作が完成して絵を覆っていた幕が取り払われた時、それを見あげた人々は「神のごときミケランジェロ」と口にしたという。

また正面には、それから二九年後の一五四一年に六年の歳月を費やして完成したミケランジェロ芸術の集大成であり、絵画史上の最高傑作に数えられる「最後の審判」の大壁画が見られた。終末の日に生死にかかわらず全ての人類がキリストに呼び出され裁かれる様子を描いたこの作品は教皇パウルス三世の命により六六歳の時に完成させたもので、文豪ゲーテは「イタリア紀行」（岩波文庫・上巻）のなかで、「私は眺め入ってはただ驚くのみであった。巨匠の内面的な確実さと男性的な力・偉大さはとうてい筆舌に尽くすところではない」とこの壁画を絶賛している。一方前記ラファエロの間の作品に対しては感動が薄かったように記されている。

なおこの礼拝堂で最初に描かれたのがシクストウス四世の命による両側の壁の壁画で、天井画の天地創造で始まった物語が両側の旧約聖書から新約聖書を経て正面の「最後の審判」で完結する構成になっている。「最後の審判」に向って左側がモーゼの旅から彼の死にいたる旧約聖書のモーゼの物語、右側がキリストの洗礼から最後の晩餐にいたる新約聖書のキリストの物語で、フィレンツェから招かれたボッティチェリ・ギルランダイオ・ロッセッリと、ウンブリア絵画を代表するペリジーノ・ピントリッキオ・シニョレッリという当代一流の芸術家たちを動員している。

その中で、ボッティチェリの「反逆者たちへの懲罰」はモーゼの物語で、右にはモーゼの後継者ヨシュアが出エジプトに反対するイスラエルの民を抑える場面、中央にはコンスタンティヌスの凱旋門の前で兄アロンの司祭職を奪おうとする者へ罰が下るよう杖を振り上げて祈るモーゼと仰け反り倒れる反逆者たち、左側には反逆者たちが大地に飲み込まれる場面を描いている。またペルジーノの「ペテロへの鍵の授与」はキリストの物語でボッティチェリの作品と対面する作品。聖堂の前の広場で使徒や信者が見守るなか跪いたペテロにキリストが天国への鍵を与えて神の教えの実現をはかる場面を描いており、ボッティチェリの作品が新しい教えを受け容れない者たちへの罰であるのに対し、受け容れた者たちへの救済を示すといわれる。両者はまた、フィレンツェ派とウンブリア派の比較にも役立った。

その他、キリストが最初にペテロとアンデレ兄弟を、次いでヤコブとヨハネを召し出す場面を描いたギルランダイオの「聖ペテロと聖アンデレ」とか、光の角を生やした白髭のモーゼを描いたシニョレッリの「モーゼの遺言と死」などを眺めたが、これらの壁画は一面の中にいくつもの場面を描いていて見るのに注意を要した。前回はすし詰め状態でほとんど見ることができなかった側壁の絵を中心に眺めた後、次の絵画館に向かった。

【絵画館】

まずフラ・アンジェリコの「聖母子と聖ドミニクスと聖カタリナ」が目についた。金地の花模様を背景に中央にひときわ大きく玉座の聖母子をおき、その前左側にドメニコ修道会を開いた聖ドメニクスが、右側に四世紀初めの殉教者聖カタリナが跪いている絵で、ビザンチン様式を感じさせながらも聖母子の量感あふれる表現や清新な色彩がルネサンスの到来を告げ、有名なサン・マルコ美術館の「受胎告知」との比較も楽しかった。

次のフィリッポ・リッピの「聖母戴冠」も印象に残った。中央に清楚なマリアが戴冠する場面を、その左右に教皇グレゴリウス一世など数人ずつの聖人を置いた作品で、美しい色彩を見せながらもまだマザッチョの写実的手法を体得する以前の作品であった。一方、ピントリッキオの「聖母戴冠」は、跪いて手を合わせているマリアがキリストから冠を授けられる場面を画面上部に置き、その下に広々とした田園風景を背景に教皇など聖人たちがこれを見上げている場面を配した、実在感あふれる美しい作品であった。

期待のラファエロの作品はその先の第八室にあった。まず彼が十九歳の時の祭壇画という「聖母戴冠」が目に入った。画面中央の雲を境に天上で天使が楽器を奏でるなかマリアがキリストから冠を授けられる場面があり、その下の下界では遥かな山並みを背景に大勢の信者がそれを見上げている光景が描かれていた。これは、キリストとマリアの位置が反対であることやそれを見上げる人々の姿が異なるなど細部の相違にもかかわらず、先のピントリッキオの「聖母戴冠」ときわめて似かよった構図の作品であった。

同じく祭壇画の「フォリーニョの聖母」も印象に残った。先の祭壇画のほぼ十年後の作品で、幼子を抱いた初々しいマリアが黄金の円盤を背景に雲に乗り、遠くに虹と集落が見える下界から天使と信者がそれを見上げ拝んでいる場面が描かれていた。三角形の構図のもと、肉体が感じられる衣裳・濃い色彩による明と暗・青い空と濃緑の草木など、十年間の作者の成熟を感じさせていた。なお祭壇画は富や権力を持つ者が教会に寄進するために制作を依頼したもので、ほとんどの場合、絵の一部に寄進者の姿を挿入させる。この絵では、画面右側で跪いているのが寄進者シジズモンド・デイ・コンティといわれる。

最後は彼の絶筆になった「キリストの変容」である。この作品は彼のライバルとの競作になったものであり、しかもライバルにデッサンを提供したのがラファエロと激しく対立していたミケランジェロであったため、彼は全身全霊をかたむけてこの作品に打ち込んだといわれる。この作品がヴァティカン美術館の白眉となったのも故なきことではなかった。

画面上半分には、中央に両手を広げたキリストが光る雲のなかに浮かび、その左右に旧約聖書の預言者エリヤとモーゼを、足元には奇跡に驚くペテロ・ヤコブ・ヨハネを配している。これは弟子たちと山に登ったキリストを光る雲が覆い、彼が神の子であることを示す言葉が響いたという新約聖書の物語を主題にしたものである。一方下半分では、両親に支えられた少年を指差しているキリストが中央に立ち、九人の使徒をはじめとする人々がそれを取り巻いている様子が描かれている。これは、山を下りたキリストが、弟子が治せなかった悪霊に取りつかれた少年を一目見ただけで癒したという同じ新約聖書の物語を主題にしたもの。指の方向や視線によって上下の物語を巧みに統一しており、美しい色彩とダイナミックな動きで見る人を引き込み、光と闇の対比で奇跡を劇的に盛り上げていた。

なおこの作品のテーマには、宗教改革の勃発に危機感をつのらせたローマ・カトリック教会側の、キリスト（その地上での代理者としての教皇とその配下の教会）の助けなくして人類は救われないという彼らの主張を強調するねらいが込められていたとも言われている。

その次の部屋ではレオナルド・ダ・ヴィンチ作の「聖ヒエロニムス」を見ることができた。粗末な衣一枚をまとっただけの四〜五世紀のラテン語聖書翻訳者として知られる隠修士聖ヒエロニムスがひとり荒野で修業する場面で、まだ未完で「荒塗り」のままを思わせるが、前方に視線を向けた表情や骨が浮き出た筋肉・しっかりと踏みしめた足など、厳しい修業中のたくましい精神と肉体が画面から迫ってくる感じであった。なおこの苦悩の姿は、先に記したシスティナ礼拝堂の側壁装飾画家の選考に漏れた当時の彼の心境が投影されているとも言われる。

【ピオ・クレメンティーノ美術館】

この絵画館では他にもカラヴァッジオの「キリストの降架」など見たい作品が少なくなかったが閉館時間が気になり、最後に予定していたピオ・クレメンティーノ美術館に向った。

ここは教皇クレメンス十四世とピウス六世が収集した古代彫刻の宝庫で、時間が切迫していたので何はともあれと「ラオコーン」がある八角形の中庭をめざしたが、途中、「ベルヴェデーレのトルソ」が目についた。紀元前一世紀のもので両手両足と首が欠けているものの、胸の横縞の筋肉や引き締まった太股など力強い肉体表現がミケランジェロに大きな影響を与えたことは、先の「最後の審判」のキリストを見るだけでも明らかである。

中庭の周囲には多くの彫刻が見られたが、白大理石の「ラオコーン」はひときわ目をひいた。紀元前二〜一世紀のヘレニズム時代の遺産で、「トロイの木馬」の計略を見抜いたトロイの神官ラオコーンが、ギリシャ側に味方する神の怒りにふれて大蛇に殺されるという神話に主題を採っている。中央にひときわ大きいラオコーンをおき、その左右に彼の子供を配し、三人にからみついた大蛇がまさに噛みつこうとする瞬間を表現したもの。父の苦悶の表情と心配げにそれを見上げるまだ余裕のある子供の表情や、力強い筋肉を浮き立たせた逞しい肉体表現とその体を反らし首をひねったポーズなどは、後にこれを目の前にしたゲーテが絶賛しミケランジェロが感嘆したと伝えられている。そして先の「最後の審判」やフィレンツェのウフィツィ美術館の「聖家族」・パリのルーヴル美術館の彫刻「奴隷」などからも、この作品がミケランジェロに与えた影響の大きさを知ることができる。

この「ラオコーン」の横の角に立つのがギリシャ時代のブロンズ像を二世紀のローマ時代にコピーしたという大理石の「ベルヴェデーレのアポロ」である。顔を横に向け右足に重心をおいて立つアポロの姿は完璧に均斉調和が保たれており、理想的な男性美の表現として発見以来多くの人から絶賛されてきた。そしてフィレンツェのアカデミア美術館で見た「ダヴィデ」からも、この作品がミケランジェロに与えた影響の大きさが容易に理解できるし、またこの作品はルネサンスが古代の復活と言われてきたことを納得させてくれる。

他にもここには古代ギリシャ時代の偉大な彫刻家・建築家プラクシテレスの作品を古代ローマ時代にコピーした美しいヴィーナス像や、古代ローマの初代皇帝アウグストゥスの立像など魅力的な作品が数多く見られたが、やがて予定の時間が終了。未練を残しながら帰路につくと、出口は懐かしい例の螺旋階段を降りるようになっており、これだけの美の殿堂を後世に残した歴代ローマ教皇庁の功罪に思いを馳せながら宮殿を後にした。

壮麗なサン・ピエトロ大聖堂にローマ教会の栄光と腐敗を思う

【サン・ピエトロ広場】

これまで回った宮殿博物館からローマ・カトリック教会の総本山サン・ピエトロ寺院にかけての一帯は、世界最小の国家として知られるヴァティカン市国として国際的に独立が認められているが、ローマ市との境界は道路に一本の黄色い線があるだけで、特別の検問もなく人々が自由に往来していた。

入国するとそこは正面に聳える大聖堂と、そこから両側に伸びる回廊に囲まれたサン・ピエトロ広場。十七世紀中頃にバロック芸術の旗手ベルニーニの設計で最終的に完成したもので、その壮大な規模と華麗な装飾に思わず立ち止ってしまう。

大聖堂は整然と並ぶ柱廊玄関の屋上にイエスや洗礼者ヨハネと使徒など十三の巨像が並び、その奥に巨大なクーポラ（円蓋）の上半分が陽を浴びて半球形の端正な姿を見せていた。クーポラは十六世紀中頃にミケランジェロがフィレンツェのサンタ・マリア・デル・フィオーレ（花の聖母）教会の大クーポラを念頭において設計したもので、彼の構想ではギリシャ十字形（前記ラヴェンナのガッラ・プラチディナ霊廟の記載参照）の聖堂の中央に置かれていた。しかし大聖堂は後に縦長のラテン十字形に変更されて巨大な柱廊玄関が増設されたため、美しいクーポラは遠くからその一部が眺められるだけになった。

そこから両側に半円形に伸びて広場を囲む柱廊はベルニーニの設計で、四列にドーリア式の柱二八四本が並び、屋上から九六体の聖人像が広場を見下ろしていた。ここは夏は日陰、冬は日溜まりが疲れた足を休めるのに最適で、いつ訪れても階段に腰を下ろした多くの人々の姿が眺められ、それを当て込んだ物売りの屋台などが店開きしている。ただし「お上りサン」のカモに手ぐすねをひいている手合いもおり、注意しないとんでもない値段の買物をする羽目にもなる。

広場中央には一世紀中頃にローマ帝国のカリグラ帝がエジプトから運ばせた花崗岩製の巨大なオベリスクが建っており、聖人ペテロ（サン・ピエトロ）が逆さ磔で殉教したのはこの辺りであったという。サン・ピエトロ大聖堂は彼に捧げられた教会である。またその近くに噴水があり、オベリスクと噴水の間にある白い大理石板に立って柱廊を眺めると、四本の柱が重なって一本に見え、屋上の全ての聖像と正対するようになっており、多くの観光者が入れ替わりそこに立って声をあげていた。なお大聖堂に向かって右手の建物に教皇の書斎があり、最上階右から二つ目の窓から毎日曜日正午に教皇が姿を見せ、手を上げて広場に集まった人々を祝福している。

広場を進むと大聖堂への階段下左右に聖ペテロと聖パウロの立像が見られ、特別のミサの際に教皇が祝福を与える階段上のテラスに上ると、ミケランジェロによるデザインともいう昔ながらの色鮮やかな民族衣裳姿のスイス人衛兵が入り口を警備していた。この大聖堂の警備は中世以来スイス人衛兵が委任されており、これに選ばれることは今なお故郷で名誉とされているという。

柱廊玄関には歴代教皇の像が飾られており、そこから中央門を進むと半円形の天井に「小舟のモザイク」が見上げられた。ルネサンスの先駆者ジョットの下絵によると言い、キリストが湖上を歩いて渡ったという新約聖書の有名な挿話を描いたものである。そこから進むと左右の端から広場の柱廊に向かう廊下があり、左手の入り口にカール大帝、右手の入り口にコンスタンティヌス大帝の騎馬像がそれぞれ見られた。

大聖堂の入り口は五つあり、そのうち十五世紀初めにフィラレーテの手になる中央門のブロンズの扉には、上の二枚のパネルに聖母とキリストの復活・中二枚に剣を持つ聖パウロと教皇エウジェニオ四世に鍵を授ける聖ペテロ像・そして下二枚に聖ペテロと聖パウロの殉教の場面の浮き彫りがあり、扉の裏側にはラクダに乗ったフィラレーテの像と署名が見られた。ともに入場の際に必見である。

【壮麗な大聖堂とルターの批判】

大聖堂は殉教した聖ペテロの墓近くに建てられた小さな礼拝堂が起源とされ、四世紀初めにキリスト教を公認したローマ皇帝コンスタンティヌスの命で大聖堂として建造された。そしてそれが老朽化した十五世紀中頃から再建に着手され、監督者がブラマンテからラファエロやミケランジェロに代わった後の十七世紀、マデルノによって現在の姿に落ち着いた。この間、財政難にあえぐ教皇庁は免罪符を発行し、販売担当の修道士が町や村を回って無知な民衆に「この箱にお金を入れなさい。必ず魂は天国に向かいますよ」と呼び掛けながら売り歩いた。この収入は大聖堂を華麗に飾るとともに、上級聖職者たちの豪奢な生活や公然と愛人をもち子供を養う歴代教皇の涜職などに流用されて教会の腐敗を白日のもとにさらす結果になり、十六世紀初めにローマに滞在しそれを目にしたルターの「人は信仰によってのみ救われる」と説くいわゆる宗教改革を呼び起こす一因にもなった。

中央扉から入ると聖堂内は広大な五廊式で、巨大な角柱とそれが支える格天井の聖人像を眺めながら中央身廊を進むと、三番目の柱までがラテン十字形に変更された時につけ加えられた部分という。左右の側廊に多くの礼拝堂や教皇などの墓を眺めながら進むと、身廊右手に角柱を背にブロンズの「聖ピエトロ（ペテロ）像」が天蓋の下に鎮座していた。椅子に座り鍵を手にして祝福を授ける黒い聖像は、十三世紀の製作以来救済を願う無数の信者の接吻を受けて足の甲がかなりすり減って金色に光っているのが眺められ、長い年月にわたる何十何百億という巡礼者の存在とその強い信仰心を知らせていた。

その先が多くの窓からいく筋もの光を取り入れている華麗な円天井（クーポラ）下で、それを支える角柱の横にはラファエロの下絵による「キリストの変容」が見られた。またクーポラの真下には教皇が最も重要なミサを行なう主祭壇が置かれ、ベルニーニの傑作とされる華麗なブロンズの天蓋が、うねるようなバロック特有の装飾を施した四本の柱に支えられてそれを覆っていた。

ここから奥にかけては総本山に相応しく右側のカノーヴァ作のクレメンス十三世の墓や左側のコロンナ礼拝堂など歴代教皇や聖人ゆかりの多くの墓や礼拝堂が眺められ、最奥にはバロック様式特有の豪華に装飾を施したベルニーニ作の巨大な「聖ペテロの椅子」が安置されており、堂内で最も美しいコーナーであった。このように堂内は多くの美術品に満たされ聖堂自体も美術品であったが、装飾はモザイク画の手法が用いられており、フラッシュによる色彩への影響を受けないため撮影が自由であった。

地下遺跡（グロッタ）への入り口は聖ペテロ像の奥右手にあり、ここはコンスタンティヌス大帝建造の大聖堂と現在の大聖堂の床との間にあたる。薄暗い照明を頼りに順路を進むと、殉教した聖ペテロをはじめ歴代教皇の石棺が並び、彫刻や絵画で飾られた多くの礼拝堂も見られ、現在の大聖堂の前身の意外に華麗であった姿を知らせていた。ローマの街が一望できる眺望絶景のクーポラ屋上とともにぜひ足を運びたいところである。

出口を前にして大聖堂観光の最後を飾ったのが、入ってすぐの右手礼拝堂にある「ピエタ像」。悲しみを忍従する優美な顔立ちの若い聖母と、復活を予告する深い眠りに沈んでいる死せるキリストの神々しいまでに清冽な白大理石像からは、生きた肉体を思わせる技術のすばらしさと敬虔な信仰心・そして人類への限りない聖母の優しさが感じられた。現在ではガラス越しにしか眺めることができないが、これは先年ある人物の心ない行為によって一部が破損されたためである。

この作品は、ミケランジェロが初めてローマに滞在した十五世紀末にフランス人枢機卿フェッェンザックの依頼で制作したもので、生前から彼の最高傑作のひとつに数えられるとともに、この作品によって彼は二五才にして天才と讃えられるようになった。

なおローマには彼の作品として、彫刻ではこの作品とともにサン・ピエトロ・イン・ヴィンコリ教会の「モーゼ像」があり、建築では大聖堂のクーポラ（丸屋根）や荒廃していた古代の聖地をルネサンス様式の設計によって美しく甦らせたカンピドリオ広場、さらにはローマ帝国のディオクレティアヌス帝による大浴場跡にそれと見事に調和する新たな教会を設計したテルミニ駅近くのサンタ・マリア・デリ・アンジェリ教会のファサード（入り口正面）などがあり、絵画としてはヴァティカン宮殿にあるシスティーナ礼拝堂の旧約聖書創世記を題材にした天井画や正面の大壁画「最後の審判」などがある。丸一日を費やす自由行動の際の周遊プランとして具体化すれば、ミケランジェロファンにとっては最高の一日になるはずである。

colonna

【キリスト教における聖人と守護聖人】

二世紀にはペテロなど殉教者を聖人として崇敬する風習が信者の間に見られるようになり、四世紀には八十余年にわたり砂漠での修業を続けたアントニウスなどの高徳者がそれに加わる。聖母マリア崇敬が広まったのもこの時期である。

崇敬の内容は、聖人を追憶し信仰の模範とするとともに、救済の執り成しや代願を求めたり、病気の治癒などの奇跡を起こす霊力を信ずるなど多方面にわたっており、その対象はブリタニアの王女で大陸に漂着後殉教したという伝説がある聖ウルスラなど架空の人物に広がっていく。そのため初期キリスト教学の確立に大きな役割をはたして後に聖人に列せられた五世紀のアウグスティヌスは、神への礼拝と聖人の崇敬は区別しなければならないと力説する必要にせまられている。

聖人への認定は、最初は地方の司祭なども地域の土俗信仰など信者の動向にも左右されながら比較的安易に認定していたが、十二世紀から新聖人認定権はローマ教皇庁とギリシャ正教会総主教が独占するようになった。日本人では、豊臣秀吉の禁教令に背いて殉教した十六世紀の二十六聖人が知られている。なおプロテスタント教会では、神のみを信仰する立場から聖人崇敬は行なわない。

フィレンツェの守護聖人ジョヴァンニとか人々をペストから守る守護聖人セバスティアヌスとか、これまでしばしば守護聖人という存在にふれてきたが、これはキリスト教世界において、手工業者や商人のギルド（同業組合）といった各種の団体や教会・都市・国家・さらには一般民衆などを保護するものとして崇敬された聖人である。

このような風習は、従来の伝統的な多神教の世界に一神教であるキリスト教が受け容れられていく過程で生まれたもので、これまで農耕儀式や誕生・結婚・葬儀・建築や土木工事などにおいて豊作や安全などを祈願してきた伝統的な神々に相当する心の拠り所を、キリスト教への改宗後も人々が求めたことに対し、布教を容易にするための方便として教会が妥協した産物で、日本における村ごとの鎮守様信仰や庶民に広がった地蔵菩薩信仰・熊野神社信仰などに通じるものである。

代表的な例として、大工のギルドは聖母マリアの夫ヨセフを・都市国家ヴェネツィアは十二使徒のひとりマルコを守護聖人としており、火あぶりの刑で殉教したアガタは火事から守る聖人・幼いイエスを背負って流れを渡ったとされる巨人クリストフォロスは災難逃れや船乗りの守護聖人として広く受け容れられた。特に有名な存在がゲオルギウスで、ローマの軍人で偶像崇拝を拒んで殉教したという三〜四世紀のカッパドキア（トルコ）における伝説的な聖人である彼は、旅の途中で悪竜を退治してリビアの王女を助けたという。そしてこの伝説は教会によって竜を異教徒・王女を教会とされ、彼の行為は悪に打ち勝つ正義の象徴・異教徒や異端に勝利する教会の象徴として喧伝された。
東方で生まれたゲオルギウスの守護聖人化は十二世紀までに西欧へも広がった。十字軍以降は彼の名をとった騎士団が各地に生まれるとともに、ジェノヴァやヴェネツィアなどで町の守護聖人とされ、ドイツでは十一世紀にバンベルクで彼の像がドゥオーモに捧げられ、イギリスでは十三世紀に国の守護聖人とされ、さらに騎士・農民・武具職人・馬などの守護聖人としても広く愛された。現在もヨーロッパの町を歩くと、旧市街だけでなく新市街の近代的な通りや公園でも、馬上に槍と盾を持って悪竜を踏みしだいている彼の像がしばしば眺められる。

【ルネサンスのパトロン達の使命感】

これまで、パドヴァのスクロヴェーニ礼拝堂はスクロヴェーニ家の寄進によるとか、フィレンツェの捨て子養育院は絹織物業組合の出資によるというように、しばしばその事業の出資者に触れてきた。そしてそのなかに、パヴィアの僧院を建て華麗な大聖堂の建築を進めたミラノの総督ヴィスコンティ家などの政治権力者とともに、多くの富豪や彼らが構成する同業組合が含まれることを紹介してきた。
これら富裕層の社会事業や文化事業・宗教事業への出資の動機は単一でないが、キリスト教の教義にも根ざしていた。即ち、聖書によると商業や金融業（高利貸し）は罪深く賎しい行為とされ、富者が天国への門をくぐるのは象が針の穴を通るより難しいとされた。

一方、中世末からの商工業の発展は、多くの都市富裕層を生み出した。そしてこのようななかで人文主義者の間から、多くの富を清く正しく使うことで人は天国へ救われるという倫理観が提唱され、富裕層に受け容れられた。

富裕層は贖罪意識からパドヴァのスクロヴェーニ家やフィレンツェのブランカッチ家のように一流の芸術家を招いて華麗に装飾した礼拝堂を教会に寄進し、フィリッポ・リッピやジョヴァンニ・ピサーノなどの華麗な絵画・彫刻によって飾られたスポレートやシエナの大聖堂などに見られる街の大聖堂の建築費を負担し、施療院や孤児院を建て、十字軍の遠征やしばしば繰り返された国家間の戦争などにさいし多額の戦債を購入した。フィレンツェの実権を掌握したメディチ家が、レオナルド・ダ・ヴィンチ以下多くの芸術家を輩出したヴェロッキオ工房とかドナテルロやミケランジェロなどの芸術家を保護し、教会や宮殿を建てて街の華麗化を進めたのもその一環である。そしてこのような市民の目に見える巨額の出資は、彼らの自己顕示欲の発揮でもあった。

ルネサンスを彩った多くの芸術家たちは、このような政治権力者や富裕層・教皇など聖職者の発注を受けて仕事をした。それ故、作品のテーマは発注者の注文によって決まることが多く、建築の設計も彼らの審査によって決定されることが多かった。このようなところから、ミケランジェロがしばしば発注者である教皇と衝突したように、当時の芸術家は現代のそれとは異なって自由な表現が大きく制限されていた。

旅人を魅了した
冬のシチリア島からローマへの旅

紺碧の空と海乾いた大地そして重層的な文化遺産

イーモラ
リミニ
フィレンツェ
ピサ
サン・マリノ共和国
シエナ
ウルビーノ
アッシジ
ペルージャ
スポレート
アルベロベッロ
ローマ
ソレント
カプリ島
マテーラ
シチリア島
レッジョ・ディ・カラーブリア
パレルモ
メッシーナ
タオルミーナ
アグリジェント
シラクーサ
ピアッツァ・アルメリーナ
マルタ島

シチリア概観

いたるところに椰子やシュロの樹が目につくシチリア島では、夏の太陽と冬の気温が同時に感じられた。例えば二日目にアグリジェントの高台で神殿を観光している時など、雲ひとつない空から照りつける陽光は目に眩しく皮膚に焼けるような感じをあたえ、咲き乱れる野草の白や黄の花を横目に思わず上着を脱いでしまった。しかしいったん風がでたり日陰に入ると、とたんに指先から寒気がはい上がり、改めて今が冬であることを思い出させた。

シチリア島・アグリジェント／ヘラ神殿

また見渡すかぎりの丘陵地はいたるところに岩石が陽を反射して白く光り、わずかな低木を除いて土壌が露出していた。シチリアからイタリア半島先端部にかけての大部分は、往く先々でこのような景観を見せていた。ジュリアーノ・ジェンマなどが活躍したいわゆるマカロニ・ウエスタンの舞台である。そして、平地が少ないうえに岩石だらけの土壌とろくに草木も生えないほどに少ない降雨量は穀物の生産に不向きで、住民は「神に見離された土地」といわれるまでに貧しい生活をいく世紀にもわたって強いられてきた。

アグリジェントの神殿群からは、谷を隔てた丘陵上に近代建築が並ぶ新市街が眺められた。ガイドによるとこの町の公営水道は水不足から一週間にわずか数時間しか使えず、市民は昔ながらに井戸の水を運んで生活しているという。そしてホテルやプールは、公営水道の百倍もの金を払ってマフィアが経営する水道を利用しているという。このようにマフィアは完全に社会の一部に食い込んで巨大な利益を得ているらしかった。

しかし彼らは公然と表通りを闊歩してその存在を示すことは避け、できるだけ市民に姿を見せないように配慮しているという。このようなマフィアのあり方はこの町だけに限らず、それ故、観光客がマフィアの被害に合うのではという少なからぬ人が抱くシチリア旅行への不安は、どうやら杞憂らしかった。なおいわゆるマフィアは、アメリカに渡ったイタリア移民のなかに自然発生的にできた相互扶助組織が発端で、この島に入ってきたのは、第二次大戦末期に連合軍がシチリア島上陸作戦を立案した段階で、アメリカで既に強大な力をもっていた彼らの幹部を工作員としてここに送り込んだ時からという。

シチリアからローマにかけては、狭い石畳の通りの両側に古い建物が並ぶ歴史的景観が大切に保存されていて人々はそれと共生しており、新市街地はその外側に見られた。これはヨーロッパの他の地域と同様で、伝統的町並みを広い舗装道路と無秩序で没個性的な建物に再開発する経済効率万能の都市計画しかもたない日本の「貧しさ」が痛感された。

乾いた丘陵地に一年中太陽が照りつけるこの地方は、果樹の栽培が盛んであった。いたるところにオレンジが実り、オリーブの樹が植えられ、ブドウ畑が眺められた。それだけに食卓にのぼる果物は酸味が少なく甘さタップリのオレンジをはじめどれもおいしく、またタオルミーナで飲んだシチリア東部特産の「エトナワイン」とかソレントで何人かで試飲したヴェスヴィオ火山周辺特産のワイン「キリストの涙」なども、旅をいっそう楽しいものにしてくれた。そして毎日食卓に上った豊富な種類のパンの美味しかったこと。ふっくらした舌触りの味覚は、イタリアで最も美味しいという評判を裏切らなかった。

シラクーサからタオルミーナへ向かう途中の高原で遥か彼方に姿を見せたエトナ山は、広い山麓から左右対称のなだらかな曲線を描く独立峰で、頂上から右手に長く噴煙を流しながら旅人の心に忘れがたい印象を与えてくれた。また後に記すように往く先々で紺碧の海がすばらしい景観を楽しませてくれ、紀元前八世紀以来のギリシャ植民市時代からから近世のバロックまでの重層的な文化遺産とともに、シチリア島の魅力を存分に堪能させてくれた。

colonna

【シチリア島における美術様式の流れ】

☆ギリシャ様式

紀元前八世紀頃からシチリア島各地にギリシャ人の植民市が建設され、ギリシャ文化が流入した。シラクーサやタオルミーナのギリシャ劇場、さらにはアグリジェントやセジェスタの神殿などは、それを今に伝える代表的な遺跡である。

　なお神殿は神を安置するだけで人は外の祭壇で儀式をするので、数百人数千人が入って儀式をする場として建てられる教会のように巨大化することはなかった。

☆ローマ様式

　紀元前二世紀にはローマ帝国の支配下に入り、穀倉として重視された。最初ギリシャ文化をそのまま受け入れていたローマ人は、やがて独自性も発揮するようになていく。タオルミーナのギリシャ劇場のほとんどはローマ人が改修したものであり、シラクーサの円形闘技場やピアッツァ・アルメリーナのモザイク画なども当時の代表的な遺跡である。

☆ビザンチン様式

　西ローマ帝国が滅亡した後、しばらくゲルマン民族の移動の嵐が続いたが、やがて六世紀からビザンチン（東ローマ）帝国の支配下に入り、ビザンチン文化が流入した。ただ、初期キリスト教芸術としてのビザンチン様式は北イタリア・ラベンナのサンビターレ教会（別項「イタリア美術紀行』参照）とかローマのサンタ・マリア・マジョーレ大聖堂の燦然と輝くモザイク画などに見ることができるが、シチリア島にはこの時期の遺産は残っていない。

　なお同じモザイク画といっても、ローマのそれは人物とか生活の場・動物など現世の姿が生き生きと写実的に描かれているのに対し、ビザンチンのそれは見ることができない存在である神を、信仰を高める手段として目に見える形に形象化したものであるため、目に写るものの表現である写実を排して抽象的に、しかも黄金を使うなど豪華に表現されている。すなわち前者が神を最もすぐれた理想的人間として描くなど写実を基本に理想を表現しているのに対し、後者は宗教的題材を抽象的に表現している。

☆アラブ様式

九世紀にはいると北アフリカからのアラブ人の支配下に入り、パレルモは当時世界有数の文明都市として栄えたという。それ故この島には当然彼らの宗教であるイスラム教が入り、ドームや尖塔をもったモスク（イスラム寺院）とか偶像崇拝の禁止による幾何学模様などアラブ（イスラム）風の文化が普及したが、今日では食物などの生活習慣や方言・さらには建築様式などに残っているだけで、当時つくられた建築や絵画は残っていない。

☆ノルマン様式

十一世紀には、北方から移動してフランス王にノルマンディー地方の領有を認められたヴァイキングの子孫の支配下におかれた。これがノルマン王朝のシチリア王国で、これまでのビザンチン文化やアラブ文化との融合がはかられた。その結果、ドームとか軽快な回廊・幾何学模様といったアラブ様式をもちいた教会が建てられ、内部にビザンチン様式の金色燦然としたモザイク画が描かれるといった、いわゆるアラブ・ノルマン様式が誕生する。パレルモのノルマン宮殿はその典型で、同じパレルモのサン・カタルド教会もその例である。それにしても、トルコのイスタンブール（当時のビザンチン）のアヤ・ソフィア寺院や北イタリアにあるヴェネツイアのサン・マルコ寺院・そしてシチリア島のパレルモのパラテーノ礼拝堂と、はるか離れたところでほぼ同じようなビザンチン芸術の粋を集めた傑作が創られたことは、地中海における当時の盛んな人と物の交流ぶりがうかがわれた。

☆スペイン様式

シチリア王国はその後ドイツ皇帝が王を兼ねることになり、さらに短いフランス・アンジュー家の支配を経て、十三世紀から十八世紀までスペインのアラゴン家の支配下に置かれる。パレルモのクワトロ・カンティを飾るバロック様式とかドゥオーモを飾るスペイン・ゴシックなどの様式が入ってくるのはこの時期である。

なおこ時期は、かってローマの穀倉とされたように緑と農業生産が豊かであったこの島を、禿げ山と貧村に変えた時期でもあった。

【ローマはバロックの町】

中世イタリアの諸都市では共通して古代ローマの伝統を重視し、同時に強力にビザンチン文化の影響を受け続けた。その結果北イタリアをのぞき、アルプス以北で十二世紀から始まったゴシック様式を野蛮なものとして本格的な受け入れを拒否し続け、バジリカ方式の建築やモザイク画による屋内装飾の伝統が後まで続くことになった。そしてルネサンスの文化はこのような伝統を受け継ぎながら展開していった。

しかしローマは一五二七年、プロテスタントを主力とするドイツ軍の侵入（ローマ劫略）によってそれまでの建物の七割を破壊されたといい、ルネサンス様式の教会なども多くが犠牲になった。それ故ローマというとルネサンスを思い浮べがちであるが、今日見られるローマの歴史的建造物の多くはこの後に改修・新築されたもので、華麗な装飾によって信者の信仰心を得ようとするローマ教会の反宗教改革路線もあって荘厳華麗なバロック様式を採用した建築が多い。有名なサン・ピエトロ大聖堂をはじめ、本文でふれたサン・ジョヴァンニ・イン・ラテラーノ教会とかナヴォーナ広場などはその例である。

多様な文化遺産と伝統的な生活様式が楽しかったパレルモ

パレルモでの第一日目。冬の夜明けが遅かったロンドンやパリを思い出しながら朝七時にホテルの板窓を開けると既に完全に夜が明けており、シュロの大木やオレンジの街路樹といった温暖性の樹木とともに、改めてヨーロッパの最南端にいることを感じさせた。

町には、シクラメンの鉢をピラミッド型に高く積み重ねた台や多様な形に輝くイルミネーションなど、クリスマスの飾り付けがまだいたるところに残っていた。これはフランスや中欧など各地で見られ、ヨーロッパでは一月末までにゆっくりと取り去るという。またあちこちに、派手に飾りたてた馬車が観光客を待っていた。

最初に立ち寄ったのがマッシモ劇場。正面に太い六本のイオニア式列柱をもつギリシャ神殿風の堂々たる建築は、ヨーロッパで二番目の規模をもつ劇場とのことで、音楽の神と悲しみの神を乗せたライオンの像が入り口の左右に置かれていた。またやや遠ざかって振り返ると、頂上にある聖火台のデコレーションやその一段下の巨大なドームなど変化に富んだ屋根が、この壮麗な建築を一段と個性豊かに飾っていた。

劇場からマケダ通りを進んでエマヌエレ通りと交差したところが、旧市街の中心であるクワトロ・カンティ（四つ辻）である。各角は、長年の塵や排気ガスなどで黒く汚れたままながら、スペインバロックの肉づき豊かな人体など多様で豪華な彫刻が壁を飾り、町の守護神などの彫刻を乗せた噴水も置かれ、かつての華麗な街角を彷彿させていた。四人の王の彫像が示すように、十三〜十八世紀のスペイン・アラゴン家支配の名残である。

この角の左手に接して、プレトリア広場があった。朝日を浴びて金色に輝く市議会（セナトリオ宮殿）の華麗な建物に三方を囲まれた広場の中央には、多くの彫刻が絡まりあった十六世紀のイタリア・ルネサンス様式の豪華な噴水があり、それを囲む約三十体の裸体像とともに今なおルネサンス風の華麗な雰囲気を見せて旅人を楽しませていた。なお土地の人々は彫刻が裸体であることから、これを「恥の広場」とか「恥ずかしい噴水」と呼んできたという。そしてマケダ通りをはさんで堅牢なサン・ジュゼッペ教会が眺められた。

この広場の先にベッリーニ広場があり、対照的な二つの教会が並んでいた。ひとつは四層の美しい塔をもったバロック様式の正面（ファサード）を見せているマルトラーナ教会で、十二世紀のノルマン時代の創建ながらスペイン支配下の十六世紀以降何回も改修が加えられたという。堂内に入ると祭壇は華麗なバロック様式であり、大理石の床には円を多用したアラブ風の幾何学模様が見られた。また天井中央の円蓋の「キリストと四人の天使」とか左側の壁の「聖母に跪くロジャー一世」・右側の壁の「ロジャー二世に冠を授けるキリスト」（数少ないノルマン時代のままの絵）など、両側壁から天井にかけてはビザンチン風の華麗なモザイク画で埋めつくされており、多くはスペイン支配下のものという。

シチリア島・パレルモ／クワトロ・カンティ

これに隣接するのがサン・カタルド教会で、同じ十二世紀の創建ながら三つの赤いドームや幾何学的なデザインなど、きわめてアラブ的色彩の濃い建築であった。これはノルマン人が、それ以前にここを支配していたイスラム教徒であるアラブ人の文化と技術を受け継いだものであり、イスラム教徒が教会建築に協力したことを物語っている。

ふたつの教会を後にして本日の観光のメインであるノルマン宮殿に向かったが、これに関しては後で述べることにする。ただ途中通ったバラーロ市場が楽しかった。道路の両側に長く続く市内一の青空市場で、鉈を振るって豚の脚を切って客に渡している肉屋や日本では見かけない種類の魚が雑然と並ぶ店・オレンジや真っ赤なトマトなどを山と盛り上げた店・多様なお菓子やパンが並ぶ店などが続き、屋台の向こう側から盛んに声がかかるなかを多くの人が行き来していた。短い時間で未練が残ったが、同行者のなかには素早くトマトやお菓子を買った方もあり、劇場や教会の観光が続いた後ということもあって楽しい気分転換になった。

マッシモ劇場からのマケダ通りを先に見た四つ角でエマヌエレ通りに右折して進むと、まもなく右手に広壮なドゥオーモが姿を見せた。十二世紀の創建というが、当時のノルマン様式は後陣の一部に残るだけで大部分は後のもの。十五世紀の改修というファサードや南面柱廊のスペイン様式(カタルーニャ・ゴシック)の装飾が美しく、イスラム風を思わせるいくつもの小塔を乗せた壮大な鐘楼とともに独特の雰囲気を感じさせていた。

十八世紀に大々的な改修がなされたという堂内に入ると、アーチ型の天井は漆喰のままで、柱頭に多くの聖像が見られた。また両側廊には聖像と聖画で飾られた多くの礼拝堂が並んでおり、右側廊の奥にあるパレルモの守護聖女サンタ・ロザリアの礼拝堂には、格子に守られて遺体が安置されていた。そして堂内では、パイプオルガンの演奏と少年合唱隊の賛美歌が流れるなか、白い聖衣姿の何人かの神父がミサを行なっている最中であった。

ドゥオーモを後にして先の通りを進むと、古い重厚な基部とアラブ風を思わせる軽快な上部、そしてパレルモ議会の象徴という鷲の焼き物が目につくピラミッド型の屋根というヌオーヴァ門（新門）に行き当たる。カール五世の凱旋門的な記念碑として十六世紀後半に建造されたものといい、有名なノルマン宮殿はその左手に隣接していた。

後の見学で期待を裏切らなかった宮殿については次の項で紹介することにして、宮殿裏の独立広場から八番のバスで郊外のモンレアーレに向かったが、近くに建つ赤いドームを乗せたアラブ・ノルマン様式のエリミテ教会の姿が印象的であった。

モンレアーレの町はかってベネディクト派修道院を中心に開け、パレルモの貴族の別荘地でもあったところ。パレルモの町を見下ろす岩山の中腹にあり、曲がりくねった細い道を登る車窓からはたわわに実をつけたオレンジの畑や巨大なサボテンが眺められ、かなたには白く雪をいただく山々が眺められた。

町の入り口には十七世紀に警固のために建てたという塔と城壁が見られ、石畳の狭い道の両側には石や煉瓦を積んだ数階建ての古い民家や店屋が並んでいた。土産物屋では有名なドゥオーモのモザイク画を模した壁掛とか操り人形などが多く、人の顔から三本の足を出したシチリアの象徴という珍しい壁掛も目についた。またドゥオーモ前の広場では、遠くからは豚と見まちがう白いバグパイプを抱いて吹きながら歩く民族衣裳のグループが見られた。そしてまもなくノルマン芸術の宝庫ドゥオーモに着いた。

パレルモの古い町並みでも見られたが、ここでも各階のどの民家もベランダをもち、そこに草花の鉢を置いていた。それ故、鉢に水をやる時はその下の階のベランダや道路は突然の雨に見舞われることになり、通行人は要注意であった。もっともこの人工雨は花に水をやる時だけでなく、四階から掃除バケツの水を投げ捨てる姿も見られた。また狭い路地の頭上には綱が張られており、何層にもわたって満艦飾の洗濯物が翻っていた。このような古い路地の民家には年寄が多く、下に降りるのが大儀な住人は、上から紐に吊した篭を降ろして行商人から買物をしているという。このようにここでは、まだ生活のなかに中世が色濃く残っていた。

期待を裏切らなかったドゥオーモの美については次の章に譲り、バスはパレルモに戻って近代的なリベルダ通りを進み、十八世紀末からの東洋趣味がつくらせたという中国宮殿や美しい海岸が続くモンデッロ湾を眺めながら、次の訪問地アグリジェントに向かった。

アラブ・ノルマン様式の美を満喫―ノルマン宮殿とモンレアーレ大聖堂

【ノルマン宮殿】

椰子やシュロ・オレンジなどの樹が目立つ宮殿は、九世紀にアラブ人によって城塞として築かれ、十一世紀に進出したノルマン人がこれを宮殿に改築したアラブ・ノルマン様式の代表的建築といい、現在はシチリア州議会場に使われていた。宮殿正面に回って広壮な全体像に見入っていると、右手に上部が四角錐型の塔が眺められた。ノルマン様式の原型を最もよく伝えるというピサーナ門で、しばらく眺めた後宮殿に入った。

入ると先ず、中庭を囲む三階造りの回廊が目を奪った。十八世紀の改築というが、細い柱とその上の半円形のアーチを組み合わせたスマートな柱廊はアラブの雰囲気を濃く漂わせ、アラブ（イスラム）建築の最高傑作といわれるアルハンブラ宮殿を思い出させた。そこからすり減った大理石の階段を上ったところが、十二世紀にノルマン王朝のロジャー二世が十三年の歳月を費やしたというノルマン芸術の宝庫パラティナ礼拝堂である。

入り口を囲んでアラブ風の幾何学模様（アラベスク）の装飾が見られ、その右手にイエスがペトロに鍵を渡す場面のモザイク画が、左側にはロジャー二世のモザイク画が眺められた。そこから入ると、堂内は金色に輝くモザイク画で満たされていた。正面に聖書を広げたキリストを置くなど後陣を埋めるキリストの生涯を描いた絵を中心に、身廊中央部の壁に描かれた聖書の登場人物や物語・側廊の壁を埋める聖ペテロと聖パウロの生涯などの絵が続き、目を上げると円蓋（クーポラ）には天使に囲まれた「宇宙の支配者キリスト」のモザイク画が君臨していた。これらは十二世紀にノルマン王朝によって受け継がれたビザンチン芸術の至宝で、キリスト教芸術とイスラム芸術との融合が創り出した絢爛豪華な美しさを満喫させてくれた。またアラブ風の幾何学模様の柱に支えられた説教台や、その隣に立つ白大理石の大燭台を飾る聖像彫刻は、シチリア最古のロマネスク式彫刻という。

【モンレアーレのドゥオーモ】

一方ノルマン芸術の最高峰といわれるモンレアーレのドゥオーモもこれに劣らず壮観であった。小さな広場に面した正面入り口を眺めると、装飾の少ない左右の四角形の塔を、後につけ加えた一階のアラブ風の柱廊でつなぎ、その上の二階部分は中央の窓の両側をアラブ風の交差アーチで飾り、また一階中央のブロンズの扉はアラベスクの装飾で覆われるなど、アラブ建築が見事に教会建築として生かされたことを知らせていた。

左手の通常の入り口に立つと左右に聖母マリアと王の像が立ち、そこから一歩入るとそこは金色燦然と輝くビザンチン様式のモザイク画に埋めつくされていた。そして身廊最奥にある後陣の半円ドームに描かれた厳しい表情の巨大な「全能のキリスト」が全体を見渡しており、その下に玉座の聖母や聖人・使徒・天使が描かれていた。またその視線の先の壁には天地創造以下の旧約聖書の物語が、その両側には新約聖書やノルマン王の物語が、さらに玉座の上には「聖堂を聖母に捧げるグリエルモ二世」の絵が眺められた。

一方右側廊奥にはこの聖堂建築を後援したグリエルモ二世とその父の墓が、左側廊の奥には巨大なパウロのモザイク画が見られた。また天井はノルマン様式の木組であり、床はアラブ風と後の改修によるスペイン風の部分が見られた。このように聖堂は、まさしくアラブ・ノルマン建築とビザンチン絵画の融合の結晶であることを感じさせてくれた。

この建物と壁一枚を隔ててベネディクト派修道院の美しい回廊があった。対になったアラベスク模様のスマートな柱とその上の半円アーチが囲む中庭に噴水を配した景観は、アラブの香をいろ濃く漂わせ、またアダムとイヴなどの宗教的テーマと世俗的テーマを交互に配したそれぞれの柱頭の彫刻は、ロマネスク建築の柱頭装飾を継承したものに思われた。

アーモンドが花咲くアグリジェントとピアッツァ・アルメリーナ

紺碧の空からの強い日差しを浴びながら古都アグリジェントの南側にある神殿の谷に向かったが、そこは古代ギリシャ人の植民市として出発し、ギリシャ文化の遺産が主体であった。途中、古代ギリシャ時代のアゴラの跡やノルマン時代の改修というロマネスク様式の教会・さらには傾斜地を一面に覆うオリーブ畑とその間に点在するいくつもの遺跡などを眺めながら進み、かって町を守る城壁も築かれていた谷という名の高台に到着した。

【神殿の谷】

最初が丘の東端にあるヘラ（ユーノー）神殿。紀元前五世紀の創建で工事にはカルタゴからの奴隷が使われたというが、東向きの正面六本の列柱をはじめ今なお残る二十数本のドーリア式の柱が朝日を浴びて整然と立っており、その前にかっては犠牲を捧げて祭礼を行なった祭壇跡も残っていた。そして神殿南側はるかに、朝日に光る地中海が望まれた。

神殿から丘の上を西に進むと、かってアグリジェントの町を囲んでいた厚く高い城壁が残っており、そこに見られる多くの穴は後のノルマン時代に墓として使った跡という。そして南国の抜けるような空からの日差しに汗ばみながら緩やかな坂道を下ると、野生の白いウコラの花が畑を覆い、オレンジが実り、アーモンドの花もすでに咲きはじめていた。

やがて道の左上にドーリア式の堂々たるコンコルディア神殿が姿を見せた。紀元前五世紀の建立で正面六本の列柱とその上の破風やフリーズも残るシチリアで最も保存状態がよい建築といわれ、神殿を囲む三十六本のエンタシスの柱が四段の基壇の上に整然と並び、漆喰に装飾された往時の白亜の殿堂を想像させてくれた。またこの先の道の両側にはローマ時代やビザンチン時代のネクロポリス（墓地）が見られ、四世紀の初期キリスト教時代のカタコンベ（地下墓）とかギリシャ時代の道路をローマ時代に水道として利用したという遺構も見られた。そしてそこからさらに下ったところに、カルタゴとの戦に勝利したローマ兵士の記念碑という巨大な立方体型のテローネの墓があり、その先に八本のドーリア式の柱を残しているアグリジェント最古という紀元前六世紀のヘラクレス神殿が眺められた。

坂道を下り売店に囲まれた小さな広場を通り過ぎると、カルタゴとの戦勝を記念して建てたという紀元前五世紀のオリンピアのゼウス（ユピテル）神殿があった。この地区最大の規模であったというが、後にカルタゴ兵に破壊され、さらに神殿の石材が新たな建築の際の資材としてもち去られ続けたとかで、完全なものは柱一本残っていなかった。ただ、後に瓦礫のなかから見つけた破片をつなぎ合わせて復元したという巨大な男像柱のコピーが横たわっていた。またここからは、四本の柱を残すのみのカストルとポルクス神殿が眺められた。屋根の一部を乗せた独特の美しい姿はアグリジェントの市章にもなっており、近づくとあたり一面が野生の白いウコラや黄色のタンポポで覆われていた。

【ピアッツァ・アルメリーナ】

広場に戻り、目の前で絞ってくれる果物のジュースで喉を潤した後、次の観光地シラクーサをめざしたが、途中立ち寄ったローマ時代末期（三世紀）のものというピアッツァ・アルメリーナの遺跡が楽しかった。この近くで奴隷制大農場を経営した貴族の別荘跡で、現在公開されている世界的に有名なモザイク画は当時アフリカから来た職人の手になるといい、後に大洪水によって一瞬のうちに埋没した広大な別荘の一部が二十世紀中頃から発掘されたもの。屋根を掛けた回遊式の展示館には四十以上の床や壁のモザイク画が続き、狩や漁の場面・戦車に乗った兵士や浴場に向かう婦人たち・ビキニ姿で体操する少女たちから春画まで、多様な場面がおおらかに生き生きと描かれていて見る人を魅了していた。

旅情を深めてくれたシラクーサとタオルミーナ

【シラクーサ】

紀元前八世紀にギリシャ人の植民市として始まるシラクーサは後にアテネと並ぶ大都市に発展し、紀元前三世紀にローマの支配下に入るまでは地中海世界の指導的地位にあった。

最初に訪れた旧市街地区は海に突き出たオルテージャ島で、新市街地区とは橋でつながっていた。一部には島のシンボルという夾竹桃の街路樹が連なる近代的な道路やビルも見られたが、中心部は十五世紀以来という細い路地と古い建物が入り組んでおり、そこを日本でも戦後の復興期に活躍した三輪自動車が走り回っていた。そしてここでも三階建て四階建ての古い石造の集合住宅の窓辺には植木鉢が並ぶベランダがあり、年寄はここから紐で篭を降ろして荷車や三輪自動車が運んでくる野菜や肉などを買うという。このようにこの町といいパレルモといいシチリアでは今なお中世の雰囲気がいろ濃く残っていた。

旧市街の中心にあるドゥオーモは、紀元前五世紀のアテナ神殿の基部や柱をそのまま使って七世紀に建てられたもので、後に改修されたという正面はドーリア式の円柱と壮麗なバロック様式の彫刻が見事であった。そして入り口の左右には、四角の台座に乗ったペテロとパウロの像が見られた。堂内は三廊式でその境界は壁をくりぬいて柱にするという珍しい技法が見られ、主祭壇や側廊に並ぶ礼拝堂は華麗なバロック様式の装飾が施されていた。またドゥオーモから近い海岸に、アレトゥーサの泉があった。かってはシラクーサ発祥の地というが今は小さな淡水の池で、この地方では珍しい自生のパピルスが眺められた。

旧市街から十五世紀にスペイン人がかけたという橋を渡り、考古学地区にある天国の石切り場に向かった。ここはギリシャ時代に神殿や劇場などを建てる石材を切り出したところといい、白い石灰岩の崖が続いていた。そして道路をはさんだ反対側には巨大な祭壇跡が復元されており、かっては一度に百五十頭もの犠牲の羊を捧げたという。

ここで有名なのが、夾竹桃のアーケードの奥にあるディオニソスの耳。ギリシャ時代に石材を切り出してできた洞窟で、僭主ディオニソスが音響効果がよいことを利用して牢獄に使い、囚人の話を盗み聞いたり神の声として自分の考えを聞かせたりしたという。

この洞窟に隣接するギリシャ劇場は紀元前五世紀の建設といい、一番下のオーケストラや舞台が置かれていたところから見上げる一万五千人収容という半円形の大観覧席はまさに壮観であった。

シチリア島・タオルミーナ／ギリシャ劇場

今でも五月と六月にはギリシャ古典劇が上演されているという。なおこの劇場は石材を積み上げて築く一般の工法と異なって岩山を刳りぬいて建設しており、観覧席の最上部は十六世紀に要塞建設の資材としてスペイン王によってはぎ取られたとかで、白い石灰岩が露出していた。また劇場の上の丘にはギリシャ時代の墓が並び、そこから劇場を見下ろす視線を上に向けると、はるかかなたに陽に光るマルタ海峡が眺められた。

劇場を後にして石棺や石臼などが並ぶ道を進むと、やがてローマ円形闘技場に着いた。シチリア最大という闘技場はローマのコロッセオと似た楕円形の造りで、先にみたギリシャ劇場と同様に岩山を刳りぬいて建設していた。今では観覧席上部がスペイン人によって建設資材として持ち去られて当時の規模は失われているものの、中央には猛獣を収容した部屋とか死体や血を処理した溝があり、石の座席に腰を下ろして眺める遺跡は、かって二万人を越す大観衆が熱狂するなかで剣奴などが死闘をくりひろげた様子を彷彿させていた。

その後各種の土産物やガイドブック・絵はがきなどが並ぶバラック建ての店を眺めながらバスに戻ったが、途中で食べた土地産の果汁入りのアイスが汗ばんだ体に美味しかった。

【タオルミーナ】

海面から垂直にせりあがった崖の中腹にあるこの町は、紀元前四世紀にギリシャ人の植民市として建設されて以来、温暖な気候と美しい景観によってシチリア有数のリゾート地として繁栄を保ってきた。現在もハネムーンに訪れるカップルがイタリアで最も多い町とかで、多くのホテルやレストラン・お洒落な店などが軒を並べていた。

急な崖にそって上る道が狭いため途中で市営の小型バスに乗り換え、最初に訪れたのがこの町最大の名所というギリシャ劇場。紀元前三世紀に建設が始まり、後にローマ人が拡大したという。石柱や観覧席の一部とともに当時としては珍しい煉瓦造りの建物の一部が残り、かっての壮大な姿をしのばせていた。またこの劇場も現役で、ギリシャ悲劇やシエイクスピアなど古典劇の会場として知られているという。

劇場の前後が高い急崖で、そこからの眺望がすばらしかった。眼下には松や糸杉などが生える崖が垂直に落ち込み、そこからホテルや岬が見られる美しい海辺が続き、さらに紺碧の地中海が逆光線に光るはるか彼方に、薄らとイタリア半島が眺められた。

一方視線を後に廻らすと岩肌を露出した荒々しい山が続き、右上の頂上にはアラブ時代の砦が眺められ、その下の急斜面に多くのホテルや民家が並んでいた。さらに快晴の日には噴煙をたなびかせるエトナ山も海を隔てて眺められるという。この日は残念ながら霞がかかって念願の火山は顔を見せなかったが、期待に違わぬ絶景にしばらく見惚れた。

劇場を後にして坂の上にあるメッシーナ門から十三世紀以来の面影を濃く残すというウンベルト通りに入った。ここは緩やかな上り坂のメイン・ストリートで両側に土産物屋や菓子屋・衣料品店・レストランなどが並び、その間の細い通りを観光客や乳母車を押した母親・肩を組んだ若いカップルなどが大勢歩いていた。その人込みをぬって先に進むと店先に大勢の子供たちが集まっており、私を見ると「ナカタ」「ナカタ」と言いながら寄ってきた。近づくとジダンなどサッカーのスーパースターのユニュホームが吊してあり、その中に中田英寿選手のものがあった。それで、サッカー選手をしている息子を思い出して土産に一枚買い求めたが、子供たちにせがまれるままにその場で着てみせるはめになった。

その先の展望台になっている四月九日広場で海岸線が見通せる高台からの美しい景色にしばらく足を止め、さらに進むと二階建ての小さな市庁舎とその反対側に建つドゥオーモが目についた。十三世紀の創建というドゥオーモの正面はルネサンス期の改修といい、右手の門はゴシック様式になっていた。また堂内にはノルマン様式の木組み天井と軽快なアーチが見られ、石柱は先のギリシャ劇場から運んだものという。そしてその前の小さな広場に可愛らしいバロック様式の噴水があり、母親に手を引かれた幼児たちと並んで眺めた地中海がまた絶景であった。

そこから引き返す途中の菓子屋で、シチリア名物というマルトラーナを買った。かつて僧院で作り始めたというバナナやオレンジなどの果物とそっくりの美しい手作り菓子で、アーモンドの粉と砂糖で形をつくりオーブンで焼いたものという。帰国後わが家の老母は食べるのがもったいないと、しばらくは仏壇から降ろそうとしなかった。

その夜のホテルが印象的であった。海辺の四つ星のリゾートホテルとうたいながら、案内されたのはバンガローで、エアコンが使えずここまで来てまさかの電気毛布。しかもバスがなく、夜シャワーを使った方によると途中で冷水になったという。

しかしアラブ支配下の遺産である串焼きの肉料理とかエトナ・ワインは期待に違わず、断崖の下の波打ち際を行く遊歩道一帯の景観やその遥か先の水平線から上がった金色の朝日は忘れがたい思い出になった。

おとぎの国アルベロベッロからカプリ島と青の洞窟へ

イタリア本土へ向うメッシーナ港をめざして海辺のホテルから崖を上ると、突然大きな喚声があがった。白雪をいただく待望のエトナ山が車窓に姿を見せたのである。松の枝越しに海をへだてて眺める火山は神秘ささえ感じさせ、ゲーテが深く愛したことがうなづけた。またこの山からの豊富な地下水と肥沃な火山灰土が、世界的に有名な白ワインを生んだという。片側二車線のよく整備された道路の両側は一面のオレンジ畑が続き、美しい海岸道路に入ると対岸のイタリア半島がしだいに近づいてきた。そしてバスは順調にメッシーナの町に入ったが、最後の港に入る道路は長い渋滞が続いて進めなかった。

その間、エンジンを切って動くのを待つ車の間を、棒モップとバケツをもった肌の浅黒い男たちが窓の清掃を呼び掛け、まだ幼い少女がテッシュを売り歩いていた。また、たまたま港に入ってきた小さな漁船があり、桶をもった仲買人と思われる人たちに魚を一尾一尾手渡していた。そしてようやく動きだしたバスはまたストップ。フェリー乗り場の真ん中に一台の乗用車が停車していたのである。後続車が鳴らす激しいクラクションをものともせずにドライバーは乗車券を買う列に並んでおり、新聞と飲み物まで買ってゆうゆうと車に戻った。喧嘩にもならず警官も来なかったところをみると、日常茶飯事らしかった。

この島では、白人と黒人の中間の肌をした人を数多く見かけた。それはフランス人などが「ピレネー以南はアフリカ」といって軽蔑するというスペインでも見かけたが、それよりはるかに多く、数千年以上もの年月をかけて繰り返された混血の結果と思われた。すなわち古代ギリシャ・ローマ時代から植民活動や農場の奴隷・商人・さらには兵士などとしてアフリカやアラブ地区から多くの人が流入し、その後アラブの支配下にもおかれ、さらに狭い地中海を渡るとすぐアフリカで私的な交流も絶えることがなかったからである。

イタリア本土、特に北部の人たちは、このようなシチリア島を「イタリアのアフリカ」と呼んで軽蔑するという。またかつて、有名な古代の遺跡を観光しようとメッシーナ港で船を下りた上流階級の人々のなかには、あまりの貧しい風景に驚いてそのまま逃げ帰る人もあったという。しかし今日では温暖な気候と、古代ギリシャから十八世紀のスペイン・バロックまでの重層的な文化遺産が貴重な観光資源になっており、またこのような遺産の存在から本土の知識人がこの島を本土に劣らず高く評価するようになっているという。

なおシチリア島の主な都市は海岸部にあり、カルタゴの植民市であった州都パレルモを除くとその多くが古代ギリシャの植民市に起源をもつという。政争や人口増加によってギリシャの諸ポリス（都市国家）から押し出された人々が移住して形成した都市国家で、後進的な都市国家ローマは、やがてナポリにまで北上した植民市の先進的なギリシャ文化や商工業に学ぶことになった。

手を浸すと藍色に染まるかとさえ思わせる海峡を渡ると、長靴形のイタリア半島の爪先にあたるカラブリア地方。地質学上の標準地層名として知られ、またサッカーの中村俊輔選手が所属したチームがあることで知られるこの地方は、美しい海岸とオリーブやオレンジ・ブドウなどの畑とともに、所によっては自動散水器が働き野菜のハウス栽培や広大な穀物畑も見られるなど、同じ乾燥地域といってもシチリアとは異なる景観を示していた。

次に訪れた奇観アルベロベッロのところでも紹介するが、この地方もかっては岩石が露出した禿げ山と石ころだらけの緩斜面であったらしい。それが今は耕せるところは全て農地に変わっており、ところによっては半世紀前まで岩壁に掘った穴に住む小作人が電気も水道もない極貧の生活を送っていたとは想像もできなかった。

【アルベロベッロ】

ここは長靴の形をしたイタリア半島の踵近くに位置し、奇観の町として有名である。黒いスレートを円錐形に積み上げた低い屋根と石灰岩を積んで白く塗った壁からなる可愛いトゥルッリと呼ばれる家が、隣家と境界の壁を共有する集合住宅を思わせる形で両側に並び、中世さながらのメルヘンティックな雰囲気を今に伝えていた。

そのうちの世界遺産に指定されたというアイア・ピッコロ地区は、駅から左手の緩やかな坂道を上り切ったところにあるポポロ広場から入ることができ、反対側の下り斜面一帯にかたまっていた。そこにはドア一枚だけの入り口と小さな窓をもつだけのかわいらしいトゥルッリが軒を接して続いており、人の姿も稀な静かなたたずまいを保っていた。そしてわずかな家並みの切れ目から、斜面の下の方までトンガリ屋根が続く独特の景観が眺められ、訪れる人の心を自然に中世へと誘っていた。

一方、公園から坂を下ったところを横切る広い道路の向かい側にあるモンテ地区は、奇観を利用した商魂丸出しの観光地になっていた。露地の両側に並ぶトゥルッリは小窓から商品を並べた室内がのぞけるようにしてあり、入り口の前には土産物が並んでいた。そして坂道を上り下りする観光客に向かって口々に片言の日本語で呼び込みをしていた。

なおここでもトゥルッリの外観は改修を規制されており、広いショーウインドーが作れないので客を屋内に呼び込んでいた。しかしそこは四部屋が普通といい、あまり広くもない一部屋か二部屋を店にしているので、買ってくれそうな客しか入れないという。長年の商売上の勘で、ほとんど外れることがないらしい。

この日の朝私達を案内してくれた「陽子さん」もこのようなトゥルッリの住人で、観光に来て見初められここに落ち着いたという。そしてアルベロベッロ唯一の日本人という立場を利用し、買い物好きが多い日本人観光客の私的なガイドを買って出ては自分の店に案内しているらしかった。そして使用人も使うやり手の女主人という彼女の姿は、これもまた国際化時代という今日の時流に乗った生き方のひとつかと思わせた。私達もここに導かれて眺望がすばらしい屋上まで見せていただいたが、巧みな話術に誘われたのか、かなり高価なワインを買って奥方にたしなめられた方もみられた。

南イタリア・アルベロベッロ／サン・アントニオ教会

中央の路地を上り切った左手にひときわ大きな高層トゥルッリ造りのサン・アントニオ教会が建っており、トゥルッリはそこで途切れていた。それで呼び込みの人たちと掛け合いをしながら同じ道をホテルに戻ったが、一度は訪れたい楽しい雰囲気の集落であった。

車窓から眺めるこの一帯はよく耕されたオリーブやブドウの畑が続き、ところによっては視界のはてまで続く広大な穀物畑も見られ、隣の畑との境界はいずれも高さ一米ほどの石垣であった。ただ稀に林があり、そこは樹木を除く地表面のほとんどが露出した岩石で覆われていた。そしてこれがかつてのこの一帯の地表面を伝えるものと推測させた。

すなわち耕作を困難にするこの大量の岩石が、地に掘った穴に住み「神に見離された土地」と言わしめるまでの貧しさをもたらした元凶で、石垣は、その岩石を一個一個掘り起こしては積み上げて今見るような見事な畑に仕上げた数百年にわたる農民の苦闘の証に思われた。そしてトゥルッリは、畑の生産が高まるにしたがって増えてきたわずかな余暇を利用し、長年かけて有り余る石を割っては積み上げたものというのが私の想像であった。

なお今日、住居として使われているトゥルッリは三割程度に過ぎず、残りは土産物屋や内部をつきぬいて数軒をつないだ畜舎などとして使用されているという。狭く改修もままならない不便さが敬遠され、人々はよそに住居をもち仕事のためここに通って来ているらしかった。

【マテーラのサッシ】

奇観アルベロベッロを後にしてソレントに向う途中、マテーラの町に立ち寄った。ソニーの看板も見られる近代的な新市街を進んでヴィットリオ・ヴェネト広場に立つと、眼下に乾き切った不気味なサッシ群が一望できた。サッシは戦後の農地改革まで小作人が住んだ岩壁の人工洞窟で、一時は不衛生さと危険さから住民を新市街に移してほとんど無住状態にしたというが、かっての電気も水道もないまさに神に見捨てられた生活をしのばせていた。ただ最近ではその特異性にひかれ、内部を近代的に整えて移り住む「好事家」もみられるという。なお最初にここに穴を掘って隠れ住んだのは、イスラム教徒の迫害を逃れてトルコのカッパドキアの洞窟教会から移った修道士であったという。
広場からサッシのある凹地を隔てた高台に建つドゥオーモは十三世紀の創建といい、創建当時のロマネスク建築がサッシの貧しい雰囲気にそぐわない華麗なバロック様式に改修されていた。そこから細い道を通って古いロマネスクのフレスコ画などが残る岩窟教会などを回ったが、ここではむしろ町をとりまく岩肌の露出した荒涼たる景観が印象に残った。
美しいアマルフィー海岸のドライブを楽しみながらソレント港に着いた時は既に陽が落ちていたが、高台から海に面した崖の中腹にあるホテルに下る道々、無数の光が湾からの緩斜面を覆う美しい夜景が眼を楽しませてくれた。そして夕食がまた楽しかった。ムール貝のソテーやアサリ入りのパスタなど今回の旅行で楽しみのひとつにしていた本格的な海鮮料理に初めてありつけ、また前回ポンペイで口にできなかった念願の白ワイン「キリストの涙」(ラクリーマ・クリスティ)で、同行の数人と感激を分かち合うことができた。

【カプリ島と青の洞窟】

翌朝、昨夜寝る前に酔い覚ましをかねて夜景を楽しんだベランダに出ると、ナポリ湾のはるか彼方にヴェスヴィオ火山が朝靄から上半分姿を見せていた。その後フェリーで渡ったカプリ島は海からの切り立った岩山が大部分を占め、わずかな入江から中央高地の鞍部にかけての緩斜面に建物が密集していた。ただ急な崖の中腹に石垣を積んでつくった狭い段々畑にまでオレンジやオリーブが栽培されており、見た目よりは生産性もあるらしかった。

島の港で小舟に乗り移って青の洞窟に向ったが、海からはビザンチン様式の玉葱型の屋根をもつ教会やアラブ風の軽快な建物・地中海特有の白い壁の家など国際色豊かな風景が眺められ、また白い海鳥が切り立った断崖沿いに舞う姿も眺められた。やがて一条の細い滝が落下するのが見えると間もなく、めざす青の洞窟が想像もしなかった姿を現わした。

洞窟の入り口は垂直の岩壁が藍を溶かしたような海に落ち込んだところに見られ、高波が上下する海面との間に開いた狭いすき間は、とうてい船が入れるようには思われなかった。しかし近づくと、海上で小舟から三四人乗りのボートに乗り移り、波が引いて海面が下がった一瞬を利用して一気にロープを手繰りながら乗り入れていた。

やがて私達の番になり、ボートに移って体

岩山の多いカプリ島

を縁より低くしたつもりで仰向けに寝たが、洞窟に滑り込む瞬間は顔面すれすれに岩が迫り、生きた心地がしなかった。しかし内部は思いのほか広く数隻のボートが浪に揺られており、外から差し込むわずかな光が紺碧の海水にとけ込んで幻想的な雰囲気をつくりだしていた。そして漕ぎ手が声量豊かに歌うナポリ民謡が堂内に響き渡り、入る時の恐怖を忘れさせてくれた。その後の旅で一緒になった方々の話によると、最近は波が高く洞窟に入れない時のほうが多いとかで、私達は幸運にも希有な機会に恵まれて命と引き替えの感激を味わうことができたらしかった。

ローマ／サンタンジェロ城からサン・ピエトロ寺院を望む

その後繁華街アナカプリ地区やカプリ地区を回り、さらにナポリからローマへと向ったが、島の高台からの眺望は、初代ローマ皇帝アウグストゥスが四倍の面積をもち温泉も出るイスキア島と交換してまでこの島を手に入れたことをうなづかせた。なお二十世紀における大規模な発掘作業によって二千年の眠りから覚めたポンペイ遺跡については前掲書に譲った。

視覚も味覚も堪能させてくれた永遠の都ローマ

【サンタンジェロ城】

旅のフィナーレはローマでの二日間の気ままな観光。同行を頼まれた二人のご婦人とともにタクシーで先ずサンタンジェロ城に向った。堅牢な構造の城は二世紀にローマ皇帝ハドリアヌスが自分の霊廟として建設したのが始まりで、六世紀に城塞に改築されてからは戦乱の際にヴァティカンの要塞や教皇の避難所となり、時には墓や牢獄などにも使われたという。

螺旋状の薄暗い石段を上ると眺望絶景のテラスで、いきなり正面にサン・ピエトロ大聖堂のドームが目に飛び込んで思わず歓声をあげてしまった。また真下にはサンタンジェロ橋やその左手の最高裁判所の大きな建物があり、その先にローマの市街が続いていた。

そこから城を一周しているテラスを進むと、大砲や積み上げられた石玉と石投げ器・見張り台や銃眼など要塞時代を物語っており、順路を進むと、先史時代の武器やギリシャ・ローマ時代の兜や盾、後世の各種拳銃などを展示した武器博物館とか、崖の下で瞑想するロッソ作「聖ヒエロニムス」・田園に裸の男女が集うドッシ作「バッカスの祭」などが見られた美術館・豪華な調度品や絵画などで飾られた教皇の居間などが続いていた。

城の前のテヴェレ川にかかる石造りのサンタンジェロ橋は、サン・ピエトロ広場も設計したバロック芸術の雄ベルニーニの手になるもので多くの天使像に飾られて美しく、渡り終わって振り返ったサンタンジェロ城の姿がまたすばらしかった。そして川から二本目のコロナーリ通りを左折してしばらく行くと、めざすナヴォーナ広場に出た。

【ナヴォーナ広場からパンテオンへ】

車が入らずローマのどの広場よりも落ち着いた雰囲気をもつというこの広場は、古代ローマ皇帝ドミティアヌスが建設した競技場の遺構のうち中央楕円形部分を十六世紀以降に整備したもので、北からネプチューン・四大河・ムーア人の三つの噴水が連なっており、特にバロック彫刻の傑作というベルニーニのオベリスクを中心にした四大河の噴水が見事であった。そして噴水に相対しているサンタネーゼ・イン・アゴーネ教会を眺めたが、ベルニーニの酷評にもかかわらずやはりバロック風の美しい姿を見せていた。その後、教会のそばにあるカフェで喉を潤したが、ここから眺める広場がもっとも印象的であった。

次いで情緒豊かな細い通りを上院議事堂マダーマ宮などを眺めながら進むと、ギリシャ神殿風のコリント式の柱廊玄関とその奥の巨大なドームが特徴的なパンテオンが広場の奥に姿を見せた。この建築に古典古代の精神を見て感動したブルネルスキが、これを模範にフィレンツェのドゥオーモの大ドームを設計してルネサンスの幕を開けたといわれ、ミケランジェロが「天使の技だ」と言って絶賛したというパンテオンとの対面は長年の夢であった。

紀元前一世紀にアグリッパが全ての神に捧げるためとして建て二世紀にハドリアヌス帝が再建したこの神殿は、後に教会とされて聖母子像が置かれ多くの殉教者が葬られた。そして国家統一後は記念堂とされ、ヴィットリオ・エマヌエル二世や画家ラファエロも葬られた。高さと直径が等しい大ドームは当時の建築技術の頂点をなし、堂内は直径九メートルという天窓から神の栄光を象徴する陽光が差し込んで荘厳な雰囲気をつくりだしていた。

【ヴェネツィア広場からカンピドリオ広場の二つの美術館へ】

ローマ／カンピドリオ広場への階段

　そこから先の通りを進むとすぐに近代的なコルソ通りと交差し、右折して洒落た装いの店をのぞきながらたどり着いたヴェネツィア広場は「ローマのへソ」といわれる交通と観光の中心地で、車と人であふれ大勢の警官が警邏していた。そして中央の大きな花壇を前にして白亜の大殿堂ヴィットリオ・エマヌエレ二世記念堂が明るい陽光を浴びて堂々たる威容をほこり、それを取り巻く華やかな雰囲気がローマに来たことを実感させてくれた。

　なお記念堂はイタリア統一を記念してその時の王に捧げられたもので、巨大な階段の上にローマ像とその下の無名戦士の墓を守る二人の兵士が眺められ、その上にブロンズのヴィットリオ・エマヌエレ二世の騎馬像が、そして緩やかにカーブを描く美しい列柱の上の屋上左右にブロンズの「馬車に乗った翼ある勝利の女神像」がそびえていた。

　また広場右角にはヴェネツィア宮殿が端麗な姿で

建っていた。十五世紀の創建でローマ初のルネサンス式建築といい、かってムソリーニが群衆に演説したというバルコニーがかつての戦中派少年の心にある種の感慨を呼び起こしたが、現在は絵画や工芸品を展示した博物館になっている。

広場を後にカピトリーノの丘をめざして広場右側の坂道を上ると、左手の急な階段の上にあまり類を見ない外観の教会が見られた。アウグストゥス帝が耳にしたというキリスト到来の予告にもとづいて建てられたサンタ・マリア・イン・アラコエリ教会で、四～七世紀に建造されてその後何度か改修され、今見る一二二段という大理石の階段と、小さな窓が二つあるだけで装飾が見られない一枚板の単純素朴なファサードは十四世紀のものという。

中に入るとローマ時代の神殿などを解体して転用されたという様式の異なる二十二本の円柱によって三廊式に区分されており、側廊上の窓から陽が差し込んで明るい身廊を進むと、ここのみ美しく装飾された主祭壇に聖母マリアの像が安置されていた。また奇跡を信じて人々が長く信仰を受け継いできたという「聖幼な子」の像は主祭壇近くの礼拝堂にあり、右側廊を出口に向かって進むと最後の礼拝堂にピントウリッキオのフレスコ画「聖ベルナルドの生涯」が目にとまった。そして階段上から眺めるローマの街が美しかった。

階段を降りて再び先の坂道を進むとすぐの左手に緩やかな階段が現われた。長年の念願であったカンピドリオ広場の入り口である。広場のあるカピトリーノの丘は古代ローマ時代に七つの丘のうちで最も神聖な丘とされ、町の中心フォロ・ロマーノを見下ろす場所に建てられた最高神ジュピターの神殿をはじめ二十五もの神殿が建てられて市民の信仰を集めたところである。帝国滅亡後に長く廃墟となっていたものを、十六世紀にミケランジェロの設計で階段とその上の広場とそれを囲む三つの宮殿に再構築され、現在の美しい景観になった。設計にあたって彼は遠近法を採用し、ハの字型の構成によって正面の建物をより大きく見えるように配慮したという。

階段下の左右には古代エジプトの獅子像がおかれ、上にはポンペイからの出土というギリシャ神話の船玉明神カストルとポルックス兄弟の大理石像が立っていた。また広場の床は幾何学模様が美しく、中央には騎馬像の手本としてルネサンス以降も多くの芸術家に影響を与えたブロンズのマルクス・アウレリウス帝騎馬像のレプリカが堂々たる躍動感を見せて立っていた。中世に青銅の必要性からギリシャ・ローマ時代のブロンズ像の多くが破壊されるなか、この像はキリスト教を公認し保護したことでローマ教会から大帝の称号を贈られたローマ皇帝コンスタンティヌスの像と間違われたため破壊を免れたと言われる。

そして階段側からみて広場正面が現在市庁舎になっているセナトリオ宮で、ミケランジェロ設計のファサードには、左右からの緩やかな大階段の下に中央のミネルヴァ女神とその左右のテヴェレ河とナイル河を表す像が見られた。また屋上にはマルティーノ・ロンギ設計という時計塔を兼ねたスマートな鐘楼が立っており、全体がルネサンス様式の美しい雰囲気を感じさせていた。ラファエロの胸像などがある内部は見学も可能である。

一方左側の建物はヌオーヴォ宮で、現在は彫刻を主としたカピトリーニ美術館として使われている。この美術館を広く知らしめている作品がヘレニズム様式の「カピトリーノのヴィーナス」で、ローマ時代のコピーながら紀元前二世紀の円熟した豊麗な立像は長年の期待を裏切らなかった。古代ギリシャ彫刻の最盛期（紀元前五～四世紀の古典様式）において、人間の肉体の究極の美しさを神としての気品と高雅な美を備えた姿として追求された裸体婦人像は、次の紀元前後までのヘレニズム期になると女神像に生命力あふれる肉体そのものの美を誇示するようになっている。

同じくヘレニズム期の傑作とされる「瀕死のガリア人」はトルコのペルガモン遺跡のアテナ神殿を飾っていた彫刻のローマンコピーであるが、ペルガモン王国との戦いに敗れたガリア人（ヨーロッパの先住民）青年が、右脇腹から血を流しながら死を前にして最後の苦痛に堪えている毅然とした姿が印象的であった。

また前述の「マルクス・アウレリウス帝騎馬像」の原作も展示されていた。「自省録」を著わして厳しい倫理的生き方を説いたストア哲学の信奉者でもある帝は、ローマ帝国の最盛期といわれる五賢帝時代（一世紀末～二世紀末）の最後の皇帝で、北方からゲルマン人の侵入が相次ぎ疫病が流行するなど基盤が弛みはじめた帝国を支えるため、在位の大半を各地での転戦に明け暮れた。表情に高潔な人格を刻み込んだこの像は、馬上にあることで異民族を征服する軍事力を示し、今は失われた異民族の像に右手を差し出すことで敵への寛容と慈愛を表現していると言われる。

ここには他にも、ひたすらの純愛を貫いてギリシャ神話のなかでもとりわけ人気が高い遍歴の物語に題材をとった「エロスとプシケ」とか、皇帝の間の六十四人の皇帝や妃の胸像なども見られ、一階には多くの古代の石棺も展示されていた。

次いで広場を隔てた反対側に建つ宮殿（コンセルヴァトーリ美術館）に入ると、先ず中庭の巨大なコンスタンチヌス大帝の頭部像に驚かされた。大帝は四世紀初め、ローマ建国以来政治・社会の中心であったフォロ・ロマーノに、東西百メートル・南北六十五メートルの巨大なバジリカを建てて政治を行ない、その西側に全長約九メートルという自らの座像を安置したという。展示されている頭部はその一部で、腕や手足の一部も残されていた。またここにも古代の石棺が展示されており、表に施された彫刻が印象的であった。

二階は彫刻の展示が主で、特に「刺を抜く少年」（紀元前一世紀）は印象に残った。石に腰を下ろして左足を右膝に乗せ足裏をのぞいている少年の像で、幼さを残した表情とすらりと伸びた瑞々しい体・そして力強い足。まさにヘレニズム彫刻の傑作であった。また「コンモード・ヘラクレス胸像」も印象的であった。父である前記のマルクス・アウレリウスから帝王学を授けられながら多くの元老院議員を処刑するなど悪政を敷いたと言われる二世紀末のコンモドウス帝の肖像で、獅子の皮を被り左手に棍棒を持ってヘラクレスの不死身の力にあやかろうとする姿からは、伝説の誇大妄想ぶりがうかがえた。

「カピトリーノの雌狼」はローマを建国したロムルスとレムスに授乳してこれを育てたという伝説にもとづく紀元前五百年頃のエトルリア芸術の傑作と言われるブロンズ像で、乳を飲む兄弟の像はルネサンス時代に追加したものという。一方「カピトリーノのブルトウス」は、紀元前六世紀末にローマの王政を廃して共和制を創始した人物を題材にした紀元前三世紀の作品で、鋭い眼光や精悍な表情など写実的な表現はそれまでのエトルリア様式とローマ様式が融合した作風として知られている。

その他エトルリア時代からローマ時代にかけての多くの作品を時間の関係から足早に回った後、三階の絵画館に進んだが、三階への階段の壁にあった「小牛に襲いかかる虎」は珍しい大理石のはめ込み細工の絵で印象に残った。

ここでは先ずお目当てであったティツィアーノの「キリストの洗礼」を探した。叙情的な田園を背景に合掌しながら裸で立つキリストに左側からヨハネが水を注いでおり、それを雲の合間から天使が見下ろし、製作委嘱者のジョヴァンニ・ラムが右下から見上げている図で、濃い緑の樹木と左下の赤い衣服が作品を一段と印象深いものにしていた。次いでカラヴァジョの「洗礼者ヨハネ」やベロネーゼなどの作品を回ったが、彼らヴェネツィア派系の作品は今回も華麗な色彩と躍動感が目の保養をしてくれた。

また十八世紀の中部イタリアの画家ポンペオ・バトーニの「聖家族」もしばし足を止めさせた。座した若々しい聖母は首をやや下に傾けて膝にかけた青い布の上の幼子を見つめながら両手で支えており、幼子は母の肩に手をおき顔を見上げている。幼子の未来を知る悲しみが込められた聖母の慈愛を描いた作品で、歴代数多くの作者が取り上げた構図である。そして、丸々と太った裸のロムルスとレムスにひときわ強く光をあてたルーベンスの「カピトリーノの雌狼」も期待を裏切らなかった。

【フォロ・ロマーノからコロッセオと凱旋門へ】

美術館を出るとあいにくの雨。それでヴェネツィア宮殿横のパスタ店に駆け込んだ。そして安い美味しいとピッツァにパスタにサラダにと満腹しているうちに雨が上がり、ヴェネツィア広場から記念堂に向かって左側のフォーリ・インペリアーリ通りを南下しフォロ・ロマーノへ向かったが、途中の左手に高い円柱が眺められた。トラヤヌス帝の記念柱で、二世紀初頭に国境であるドナウ河を渡ってルーマニア地方に侵入したダキア人への戦勝を記念したものである。高さ三十メートルという円柱は近づくと写実的な浮き彫りで覆われており、戦いの模様を時間的経過に従って下から上へと絵巻物語のように螺旋状に描いたもので、服装や武器・戦法・船・家屋・儀式などを具体的に知らせていた。また内部は螺旋階段があり、頂上の像は十六世紀に追加した聖ペテロ像。なおこの一帯は当時広大なトラヤヌス帝のフォロで、記念柱とその奥に残る半円形の市場跡が往

ローマ／フォロチェザレ（カエサルのフォロ）

時をしのばせていた。

フォーリ・インペリアーリ通りを進むと間もなく右側に、破壊された石柱や建物の一部などが並ぶ広大な廃墟フォロ・ロマーノが見られる。古代ローマの政治・経済・信仰・社交の中心であったところで、共和政から帝政にかけて建造された神殿・凱旋門・広場・図書館・広場・政堂・裁判所などが、帝国滅亡後崩落・破壊が進むままに千年以上もの間放置されていた。今見る一帯は十九世紀から発掘されたもので完全な姿をとどめる建造物はほとんどなく、それ故写真つきの詳しいガイドブック持参でないと、せっかく入場しても何を見たのかほとんどわからないままに一時間以上が過ぎることになりかねない。

主な遺産としては、入って右手のエミリアのバジリカを隔てた奥にある四角の煉瓦造りの建物が元老院で共和政時代の国政の最高機関。その前方に四本の列柱が目印になる三世紀初頭のセヴェルス帝の凱旋門は現存する最大の凱旋門。入って左手にある六本のコリント式の列柱が美しい建物は二世紀中頃に死後神格化された皇帝アントニウスとその妃ファウスティーナに贈られた神殿で、列柱の奥は十一世紀に教会に改修された。その正面には屋根の一部を乗せた三本のコリント式の列柱二列が残る紀元前五世紀のカストルとポルクスの神殿が美しい姿を見せており、遺跡中央の聖なる道を進むと、竈や火の守護神として当時最も信仰を集めていた三世紀のヴェスタの神殿と、その聖なる火を守っていた六人の巫女の立像があるヴェスタの巫女の家が続き、その先のフォロの出口近くに建つティトウス帝の凱旋門は、内弧の美しい浮き彫りやコリント式の半円柱など保存状態がきわめてよく、現存する最古の凱旋門である。

　フォロ・ロマーノを出てそのままフォーリ・インペリアーリ通りを進むと、間もなく古代ローマ帝国を象徴する巨大な円形闘技場コロッセオが見えてくる。建設者は貴族出身でない最初の皇帝として知られる一世紀中頃のウェスパシアヌス帝。自分が出場する都合からオリンピックの開催を一年延期するなど暴君として今なおその名を残すネロ皇帝が母親など多数の近親者を処刑して自殺した後に即位し、内乱と大火で混乱・疲弊した帝国の再建に尽力した質実剛健の人である。

　この壮大な闘技場はネロ皇帝の巨大な宮殿の人工池を埋め立てて建設された。高さ五十七メートルという外壁は四階からなり、石材を用いた三階までは多くの円頭アーチが並んでいて一階のアーチは観客席へ向かう入り口・二階三階のアーチには今は失われた彫刻が飾られていたという。そしてアーチの間の支柱を飾る円柱は、一階がドーリア式・二階がイオニア式・三階がコリント式を採用しており、以後これが様式化されて今日まで西欧建築の伝統になっている。また四階はアーチのない平壁でコリント式の付け柱と窓からなり、重力がかかるためコンクリートが使われている。

　中に入ると全体が楕円形であることがわかり、直径は一八八×一五六メートルに及ぶという。中世以来サン・ピエトロ大聖堂や民家の建材として多くの石材が運び出されて荒廃が進んだ観覧席は、一階が皇帝や貴族用・二階が中産階級用・三階は庶民用とされ、最上階の立見席まで入れると四万五千人を収容したという。またアリーナと呼ばれる中央の楕円形の舞台は発掘調査によって土盛が除かれており、その下の地下道や倉庫・脱衣所・武器庫・猛獣の待機室などが眺められた。

かつてここでは多数の観客が熱狂するなかで猛獣と猛獣や猛獣と剣奴・剣奴同士・囚人同士などの闘いが行なわれ、二四六年に催されたローマ建都千年の大祭では、三十二頭の象・六十頭のライオンなど多くの野生動物が殺され、市民が最も好んだ剣奴の闘いには二千人が供されたという。また多くのキリスト教徒が猛獣や兵士・剣奴によって殺されたとも言われる。このような流血と残虐の娯楽はよき戦士を養うための教育的効果があると言われるなど市民から熱狂的に受け入れられており、歴戦の剣奴はスターとして讃えられた。軍事力で帝位に就いたウェスパシアヌス帝は、悪名高いネロの宮殿跡に壮大なコロッセオの熱狂を提供することで強権者という印象を薄めて市民の支持向上をはかったとも考えられる。

ローマの凱旋門のなかで最も有名なコンスタンティヌスの凱旋門は、フォーリ・インペリアーリ通りとサン・グレゴーリオ通りが合わさるコロッセオ前の広場に建っていた。四世紀初頭、大帝が政敵マクセンティウスをテヴェレ河上流のミルヴィウス橋で破った勝利を記念して元老院と市民が贈ったもので、台座に彫刻を施したコリント式の四本の円柱によって三柱間に分割され、中央に大アーチ門・その左右に小アーチ門が設けられている。

屋根はその下の三柱間に対応して三つに分けられ、中央はラテン語で・左右は四体のダキア人の彫刻とダキア遠征などの群像の浮き彫りで飾られていた。またその下左右の柱間の壁面は、小アーチ上の帯状の浮き彫りとその上の狩と生け贄の場面を彫り込んだ四面のメダルで飾られており、大アーチ上には空を舞う有翼の勝利の女神ヴィクトリアが見られた。なお壮麗な凱旋門の装飾の一部は他の建造物からの転用といい、上方のダキア人の彫刻は前記のトライアヌス帝のフォロから・中段の円いメダルはハドリアヌス帝の記念建造物からのものという。ギリシャ人の哲学・芸術に憧れながらも土木・建築にすぐれた才能と力量を発揮したローマ人の実用性重視の姿勢は、ここにも見ることができた。

かつて屋上に置かれていたという凱旋車に乗る大帝のブロンズ像を想像しながら壮大な古代建築に別れを告げて先程の通りを戻り、有名なミケランジェロの代表作のひとつであるモーゼ像を見るため、フォロ・ロマーノの入り口の手前を右折してサン・ピエトロ・イン・ヴィンコリ教会をめざした。しかし生憎昼休みのため閉館中で、やむなく次に予定していたそこから北東方面の高台にあるサンタ・マリア・マジョーレ教会をめざした。

【サンタ・マリア・マジョーレ教会からサン・ピエトロ・イン・ヴィンコリ教会へ】

教会と同名の広場に立つと中央に聖母マリア像を乗せた高い塔が建っており、その奥に教会の壮麗な威容が眺められた。堂々たる柱廊からなるバロック風の正面入り口は十八世紀の傑作といわれ、その奥にはピラミッド型の尖塔を乗せたローマ一高いというロマネスク風の鐘楼が聳え、さらにその奥の左右にも美しい塔が眺められた。

身廊は聖母マリアの神性が確認されたのを受けて建てられた五世紀のバジリカ様式で、古代ローマの神殿から運ばせたイオニア式の見事な列柱が堂内を三分していた。金箔装飾の華麗な格天井は教皇アレクサンデル六世寄進のルネサンス様式で、十二世紀のものという大理石の床は美しい模様で飾られていた。また左右のドームの下には十七世紀のものという華麗なバロック風のパオリーナの礼拝堂と十五世紀のルネサンス様式というシスト五世の礼拝堂があり、ともに中央に聖母の絵が座っていた。

そしてここでも、ビザンチン様式のモザイク画が期待を裏切らなかった。特に中央祭壇の後を飾る絵と列柱の上の三十六面の絵は、ともに五世紀の初期キリスト教芸術の傑作であり、後陣の円天井には十三世紀のものという「マリアの戴冠」を中心としたモザイク画が金色燦然と輝いて空間を埋めつくしていた。

しばらく眺めた後、同行者の存在を思い出して建物を後にし、先程の道をサン・ピエトロ・イン・ヴィンコリ教会に戻った。通りから坂道を上った広場の左手に建つ教会は、正面が十五世紀のものという五つのアーチからなる柱廊と平らなその上階だけの実に簡素な造りで、隣り合っている大学の校舎と見分けがつかなかった。一方堂内は講堂に似たラテン十字のバジリカ風で大理石の円柱が三分しており、天井に聖ペテロの奇跡を描いたジョバンニ・バッティスタ・パロデイのフレスコ画が見られたほかは簡素な内装であった。

この教会は、ペテロがパレスチナとローマで囚れた時の鎖を安置するために五世紀に開かれたものといい、その鎖（ヴィンコリ）が天蓋の下の祭壇に納められていた。また右側廊の奥にはミケランジェロの有名な「モーゼ像」が安置されていた。以前からぜひ一度はと期待していたこの白大理石の巨像は、遠くを見つめる鋭い眼光に強靭な精神が宿っており、力の追求をテーマにした作品といわれる。そしてこれまで各地で見た彼の彫刻のなかで、「清冽」を感じさせるサン・ピエトロ大聖堂のピエタ像・「理想」を感じさせるフィレンツェのアカデミア美術館のダヴィデ像とともに彼の最高傑作に思われた。

ここで今日の観光の予定が終わったのでいったんテルミニ駅に出て、ミケランジェロが古代遺跡の外観をそのまま生かして設計したというサンタ・マリア・デッリ・アンジェリ教会や美しい妖精が飾るナイアデイの噴水が見事な共和国広場を眺めながらバールで一休み。そして広場からのびる照明がやさしいナツィオナーレ通りで同行のご婦人のショッピングにしばらく付き合った後、ガイドブックが推奨していたレストランに向った。

オステリア・コン・クチーナ・デ・オードレイス・ルチアーノは駅前の向って右側の道に入り、二本目の道を左折した駅から二分前後のところ。マスター以下の従業員が気さくで日本語のメニューもあり、最初からリラックスできる雰囲気であった。それですっかり気をよくし、海鮮パスタとトマトソースのパスタを各二皿・ムール貝のソテーとエビ料理各一皿・野菜サラダ二皿にデザートの果物三皿、それに赤ワインのボトルを注文。三人で取り分けながら食べだしたが、どれも味は最高。マスターに「ブオーノ」（美味しい）と言うと彼はシェフを連れてきて握手していった。そして支払う段になると、いくら円高・リラ安とは言い、なんと日本円にして一人千二百円弱。店の外には長い列ができていた。

日本の政府や財界は、賃上げ拒否の理由として日本の賃金は世界一であると言い最近では賃下げの必要性さえ口にするが、東京のレストランで千二百円ではたしてどれだけの食事が楽しめるか。

問題は実質賃金であることを改めて痛感させられた。

楽しみは尽きない永遠の都ローマ

【壮大な地下墓カタコンベからカラカラ帝の大浴場へ】

翌日は一行六人で、南の郊外にあるサン・カッリストのカタコンベに向った。カタコンベは本来地下墓でキリスト教以前から行なわれており、三世紀にキリスト教が激しく弾圧されるようになってからは墓であるだけでなく隠れた礼拝の場にもなった。サン・カッリストは地下五層・長さ二十キロの坑道に約十万人が葬られているという最大のカタコンベである。個人で入ることが禁止されているので見学者の待機所でガイドが来るのを待っていると、たまたま紀元二千年祭に参加するため日本からやって来た聖職者の団体と一緒になり、幸いにも普段は行なわれない日本語によるガイドを聞きながらの見学になった。

四世紀に掘られたという階段を下りると、煉瓦のアーチを乗せた二本のコリント式の円柱の奥に、三世紀に殉教した九人の教皇が葬られている「教皇の墓所」が見られた。またその横には死後千年して開けた時に遺体がそっくり残っていたという聖女チェチリアの墓があり、壁には七〜八世紀のものというチェチリアと聖ウルバーノとキリストの顔を描いたフレスコ画が見られ、墓の上にはマデルノの聖女の像が置かれていた。

次いでその先で、魚の上に聖体（篭に入れたパンと葡萄酒を満たしたグラス）を描いた三世紀初頭の壁画が眺められた。魚は、ギリシャ語のイエス・キリストと神の子と救世主の単語のおのおのの頭文字を組み合わせると魚という言葉になるところから、安らぎの象徴である錨とかノアの箱船に陸を告げたことから救済を意味する鳩などとともに、偶像崇拝禁止の教えを守る初期キリスト教芸術においてはキリストを表す記号に用いられた。

内部は迷路のように細い穴が続いており、両側に遺体を葬った多くの穴が見られた。なお穴は階級や地位と関係なく同じ規模で、信者に貧民が多かったことから副葬品はないという。かつては遺体を納めた後漆喰でふさぎ、その上にキリストを示す魚や眼・オリーブをくわえた鳩などを描き、後には洗礼やミサなどの絵を描いたといい、その一部がまだ残っていた。また土砂を運び出すのに使い、後には換気抗として使われた縦穴も残っていた。

念願をはたした後は徒歩で市街地をめざした。ここは紀元前四世紀から建設されたローマ最初の軍道アッピア街道が走っていたところで、車が往き来する今風の道を往時を想像しながら歩いた。そしてしばらくして、旧アッピア街道の出発点サン・セバスティアーノ（アッピア）門が目に入った。左右に円形の見張りの塔をもつ堅牢な門は現在城壁博物館として使われているといい、これをくぐるとまもなくの左手がカラカラ浴場である。

古代では水道施設が貴重であったため各家庭で浴場を持つことは難しく、庶民にとって公衆浴場は不可欠の施設であった。

三世紀初めにカラカラ帝によって建設されたこの浴場は一度に千人とも二千人とも言われる市民

を収容したといい、建物中央に一列に並ぶ冷・温・熱の浴室の周囲には左右対称に体育室や図書館・彫像で飾られた散歩場（庭園）・屋外競技場・店舗までが備わっていたとう。現在は完全な廃墟であるが、一部が残る通路や浴室・モザイク画が見られる体育室などの遺構からその桁違いに巨大であった規模と豪壮華麗な装飾をうかがうことができた。このような巨大な公共浴場は市内に十ヶ所を数え、数万のキリスト教徒の強制労働によって建設されたという四世紀初頭のデオクレティアヌス帝の浴場が最後の建設であった。

当時の市民は午後になると民族や地位に関係なく安い料金で公衆浴場に入り、混浴の浴室で体を清めるとともに学習や社交・スポーツ・各種の娯楽などで時間を費やした。その中には時に皇帝の姿も見られ、後には頽廃的風潮も濃くなって公然と賭博や売春が行なわれたという。ローマ時代にはこのような浴場や道路といった公共施設を建設して社会に提供することが皇帝や有力者の義務とされた。そしてそれは単なる「ローマへの奉仕」にとどまらず、本来市民によって選ばれることが建前であった執政や護民官・皇帝などの地位に就きその地位を安泰にするための手段でもあった。

浴場を後にして先ほどの道の四つ角に戻り、左折してジョギングをする人の姿が目立つチェリモンターナ公園のサン・シスト・ヴェッキオ教会前を進み、その先のメトロニオ門広場を右手に見ながら直進するとやがて広場に立つ高いオベリスクが見えてきた。めざすサン・ジョバンニ・イン・ラテラーノ大聖堂は同名のこの広場右手にあった。

【サン・ジョヴァンニ・イン・ラテラーノ教会】

広場に入る手前の坂道右側に、八角形の構造が長年にわたって洗礼堂建築のモデルとなり、五〜六世紀の美しいモザイク画があることでも知られる大聖堂付属の洗礼堂が建っていた。堂内は意外に広く、特に左側の礼拝堂の主祭壇を飾る聖母の絵と、千数百年を経たとは思えない鮮明さで残っていたその上のキリストのモザイク画が印象的であった。また五世紀中頃の改修時に追加された上方左右に空中を飛ぶ天使を、下方に十字架を囲む天使の彫像を配した半円形のモザイク画は、単純な渦巻き状のアカンサスを画面いっぱいに繁茂させることで洗礼を受けた人々が楽園で復活することを暗示しているという。これらの初期キリスト教芸術の遺産は、十一世紀後半から十二世紀前半にかけて進められた教会改革運動において教会装飾のモデルとされたものである。

そして広場に面した大聖堂後方から迂回して正面に回ると、三角形の芝生の奥に十七世紀から十八世紀にかけての改装になるというバロック様式の壮麗な姿が眺められた。この聖堂は、初めてキリスト教を公認したコンスタンティヌス皇帝が四世紀頭初に教皇に寄進したことに始まり、サン・ピエトロ大聖堂より格式が高いという。三角形の前庭芝生の頂点まで離れて建物の全体像を眺めると、十八世紀に公募で採用されたというアレッサンドロ・ガリレイの設計によるイオニア式の柱が並ぶファサードが荘厳な雰囲気を感じさせており、屋上からは高さ六メートルという中央のキリストとその左右の多くの聖人の像が十字架とともに人類に祝福を与えていた。

床に幾何学模様が描かれた堂内は十七世紀にフランチェスコ・ボッロミニの設計による改修といい、柱頭の彫刻が美しい角柱とアーチで側廊と区切られていた。そして礼拝堂の形をした両側のアーチの間には左手のコンスタンティヌス大帝など多くの彫像が並んでおり、高い格天井には円い教皇の紋章が二つ見上げられた。

教会の隣が、十四世紀初頭から約七十年間フランス王によって同国のアヴィニョンに幽閉されるまで歴代の教皇が住居としていた宮殿で、その斜め前にあるシスト五世が教皇専用の礼拝堂として建てた離れ（小教会）に有名な「聖なる階段」がある。これは古いラテラーノ宮殿から多くの聖遺物があることで知られるサン・ロレンツォ礼拝堂へ通じる階段で、いつからかキリストが処刑される前に連行されたピラト館の階段と同一視されるようになったもの。そして昇りきったところに十字架上のキリストの壁画があるこの階段を、今なお多くの信者が祈りを捧げながら膝で昇っているという。

壮麗な聖堂を後にして昨夜で味をしめたテルミニ駅近くのオステリアに向かい、朝から歩きずくめの体を休めながら遅目のランチを楽しんだ。そして以後は気楽なブラブラ歩きを申し合わせ、先ず有名なトレヴィの泉をめざして昨夜歩いたディオクレティアヌスの浴場跡から共和国広場を抜けてモーゼの噴水と向かい側のヴィットリア教会が目印の広い九月二十日通りとの交差点まで進んだ。そこを左折して十字路に四つの噴水を眺めながらそのままローマの七つの丘の一つクイリナーレの丘の裾を通る同名の通りを進むと同名の広場で、大統領官邸クイリナーレ宮を右手に眺めて進むと泉はそこからすぐであった。

【トレヴィの泉からスペイン広場へ】

肩ごしにコインを泉に投げ入れると再びローマに戻れるという伝説で世界的に知られるこの噴水

は、ローマの初代皇帝アウグストゥスの女婿であり最高の武人であったアグリッパが紀元前十九年に布設したヴェルジネ水道の終点に造った噴水が起源で、現在の姿は帝国滅亡後長く廃墟であったものを十八世紀にニコロ・サルヴィが教皇の公募に応じて設計し、ピエトロ・ブラッチなどの彫刻を配したものである。

バロック様式の華麗なポーリ宮の四本の柱と彫像からなる壁面を古代の凱旋門に見立てて借景にしており、凱旋門の中央に海馬に引かれた巨大な貝殻に立つ海神ネプチューン（ギリシャのポセイドン）とその下で法螺貝を吹き海馬を操る二人のトリトンを・その左右に豊穣と健康を表す寓意像を・そして水が流れ落ちるところに巨大な岩礁を配置したこの泉は、数多いローマの泉のなかでも最も美しく最も大きいとされている。私達も周囲の観光客に倣ってコインを投げた後、最後の予定地であるスペイン広場に向かった。

泉から北に向かうとすぐがトリトーネ通りで、クイリナーレの丘と反対方向に左折してプロパガンダ・フィーデ宮を左手に眺めながら進むと、めざす広場である。ここで有名なのはオードリー・ヘップバーン主演の映画「ローマの休日」の舞台になった階段で、この日も多くの人が石段に腰を下ろしていた。階段下の広場中央には十七世紀前半にベルニーニの父によって造られた可愛らしいバルカッチャの泉（小舟の噴水）があり、そこから階段にかけては花屋や土産物の屋台が見られ若者や観光客であふれていた。

そこから一三七段の通称スペイン階段を登るとトリニタ・ディ・モンティ広場で、中央に古代エジプトから運ばれたサルスティウスのオベリスクが建っており、その奥に広場と同名の教会が建っていた。なおこの教会は十六世紀初頭にフランス王ルイ十二世が建てたもの・広々とした階段は十八世紀前半にフランス王ルイ十五世が完成させたもので、教会と階段と泉が調和した現在の美しい景観はこの時に完成したという。

屋上に二つの鐘楼を乗せ正面入り口左右を付け柱で装飾したファサードを眺めながら教会に入ると、表の賑やかさからは一転して人の気配すら感じられない静寂の世界。ヴォルテッラの「聖母昇天」と「十字架降下」を眺めて外に出ると、眼下に広がる残照に赤く染まったローマの街がすばらしい景観を見せてくれた。

一度でも自分の意志にもとづいて外国の街を自由に散策した経験をもつ者にとって、ローマは最高の楽しみと思い出を与えてくれる街である。ゲーテは「イタリア紀行」(岩波文庫上巻)において「私はこのローマに足を踏み入れた時から、第二の誕生が・真の再生が始まるのだ」と記しており、特に彼が多くの時間を費やして観察・研究したギリシャ・ローマの遺産とその復活・再生としてのルネサンスの作品群は、彼のなかに古典主義芸術を完成させ、十年に及んだワイマール公国の宰相としての仕事から古典主義詩人として全力を捧げる生き方へと彼を再生させたという。夕暮のローマの街は、このようなことを連想させながら旅情を深めてくれた。

【カンツォーネ・ディナーショー】

旅の最後はカンツォーネ・リストランテでのディナーショー。街灯が照らす石畳の通りから薄暗い明かりを頼りにすり減った石の階段を降りてドアを開けると、いきなり賑やかな騒音とともにギターの伴奏と声量豊かな歌声が耳に飛び込んできた。低い天井から下がっている薄暗い灯の覆いはいかにも時代を感じさせるデザインで、さして広くない店内は満員であった。その座席の間を歌い手たちがそれぞれの楽器を奏で歌いながら廻り歩く。それはイタリア人気質というのかじつに陽気な歌いぶりで、手拍子と歓声とで店内が一体になって交歓していた。そしてそれらが低い天井と反響し合い、一段と雰囲気を盛り上げていた。

ワインを飲みながら耳を傾けていると、突然「上を向いて歩こう」の歌が店内に響きわたった。それで改めて店内を見渡すと、離れた席に幾組かの日本人観光客がいることに気がつき、そのためのサービスであることがわかった。すべては十年近く前に来た時と同じである。店の造りは変わらず、雰囲気も同じ。ただ前回は隣の席が青森県の農協の団体客で、歌は「知床旅情」であった。

やがて新たに何人かの女性も加わり、見事な太鼓腹を色彩豊かな民俗衣裳に包んだリーダーを中心にステージで見事なショーを楽しませてくれた。そしてそれが一段落すると再び通路に降り、歌いながらチップを集め始めた。前回は雰囲気に呑まれて出すタイミングを逸し気まずい思いをした記憶が甦ったが、今回はその時の経験が生きてスムーズに対応することができた。

たっぷりオリーブオイルを使ったボリュウム満点のイタリアンディナーに満腹し、陽気な本場のカンツォーネショーにも満足して外に出ると満天の星空。今回も二人連れのジプシー女が音もなく近づいてきて、黙って花を差し出した。

麗しのイタリア讃歌

おわりに

本書は、これまでイタリア旅行を繰り返す度に書き貯めてきた雑多な記録のなかから、特に感動した町や自然の魅力について三編にまとめ、あたかも眼前に浮かぶかのごとくに紹介しようと試みたものである。校正のため二度三度と原稿を読み返した時、改めて多くの情景やその時々の旅情のすばらしさが生々しく甦ってきた。拙い文章の中からそれをいささかなりとも読み取り、イタリアの素晴らしさ・楽しさを感じ取っていただければ幸いである。

なお旅行や本書の執筆にさいしては、多くの文献のお世話になった。本文ではそのつど記さなかったが、参考にさせていただいた文献を以下に一括列挙してお礼に代えさせていただきます。また、人名や地名の呼称の統一など、編集部の石田良治氏には多大のお世話になった。併せてお礼申し上げます。

二〇〇八年二月

著者

参考文献

「イタリア史（各国史シリーズ）」（山川出版）
「岩波講座世界歴史」
「ミケルアンジェロ」（羽仁五郎・岩波書店）
「世界美術全集」（角川書店）
「西洋美術館」（小学館）
「塩野七生ルネサンス著作集」（新潮社）
「ローマ人の物語」（塩野七生・新潮社）
「イタリアの歓び」（木村好文・新潮社）
「イタリア12小都市物語」（小川煕・里文出版）
「パトロンたちのルネサンス」（松本典昭・NHKブックス）
「ヨーロッパ中世の旅」（饗庭孝男・KKグラフィック社）
「ヨーロッパ・アルプスの里物語」（勝井規和・悦子・KKグラフィック社）
「ルネサンス街道物語」（橘川真・KKグラフィック社）

「ヨーロッパ宮殿物語」（井上宗和・ＫＫグラフィック社）
「イタリア四季の旅」（田之倉稔・東京書籍）
「醜い日本の中の私」（中島義道・新潮社）
「ギリシア神話上・下」（新潮文庫）
「北西イタリア・サヴォワ地方」など旅名人シリーズ（日経ＢＰ出版企画）
「週刊世界の美術館」シリーズ（講談社）
「週刊地球旅行」シリーズ（講談社）
「週刊世界遺産」シリーズ（講談社）
「イタリア」（ダイヤモンド社）
「イタリア」（ＪＴＢ）

＜章扉写真＞

P13　ヴェネツィア／海面の上昇で水浸しになった小サン・マルコ広場
　　　水に映るのはサン・マルコ広場の時計塔

P125　ミラノ／ドゥオーモ広場のヴィットリオ・エマヌエレ2世像

P227　南イタリア／サンタルチア港と卵城（正面）

猪岐和夫（いのまた　かずお）

著者略歴
1935年　奥会津の山村に生まれる
主な作品「奥会津からみた大正・昭和史」（新風舎）
「錦《こ》鯉《い》への誘い」（「日鱗」No.293 - 297）
「魅惑のヨーロッパ20カ国の旅」（東洋出版）
その他随筆・評論など多数

麗《うるわ》しのイタリア讃歌《さんか》

二〇〇八年四月七日　第一刷発行
定価はカバーに表示してあります

著　者　猪岐和夫《いのまたかずお》
発行者　平谷茂政
発行所　東洋出版株式会社
東京都文京区関口1-44-4, 112-0014
電話（営業部）03-5261-1004　（編集部）03-5261-1063
振替　00110-2-175030
http://www.toyo-shuppan.com/
印　刷　日本ハイコム株式会社
製　本　有限会社薩摩製本所
 ISBN 978-4-8096-7570-6